Witold Koszela

The French Battleship
Jean Bart

The French battleship "Jean Bart" together with the twin "Richelieu" was among the largest and most modern ships of this class that served in the Marine Nationale. Their construction was based on the experience gained during the construction of Dunkerque battleships, smaller and less armed units, but quite modern for their times.

A characteristic feature of the aforementioned ships, including the "Jean Bart", was the unusual layout of the main artillery concentrated in two four-barrel turrets located in the fore part, while medium calibre artillery was located in the stern part. This, in combination with the massive body of the command tower and the chimney "hidden" in the rest of the superstructures, created an amazingly presented silhouette of a beautiful and very dangerous ship.

"Jean Bart" was built at the Ateliers et Chantiers de Saint-Nazarie (Penhoët) shipyard in Saint-Nazarie. The keel was laid on December 12, 1936. The ship was launched on March 6, 1940.

The deteriorating international situation of that period caused that the "Jean Bart", designed as Richelieu type (in total the French planned to build four units of this type), was not completed before the occupation of France by the German army. At the time of France's surrender, the ship was finished in about 80%, which meant that it could not be put into service and directed to military operations. In order to save a valuable vessel, the unfinished "Jean Bart" was sent to Casablanca, which was to prevent it from being taken over by the Germans. However, the uncertain position of the Vichy government meant that the French ships remaining in the colonial ports of North Africa, including the "Jean Bart", were perceived by the British as a threat and closely monitored.

After two years of relatively quiet stay, "Jean Bart" became the target of the Allied ships during Operation "Torch" (allied landing in Morocco and French Algeria). On November 8, 1942, during an artillery duel with American ships supporting the landing operation, "Jean Bart" was hit several times by 406 mm shells from the USS "Massachusetts" battleship and several aerial bombs. The ship was badly damaged and required sizable repair.

As in the case of its twin "Richelieu", the "Jean Bart" was considered to be sent to one of the shipyards in the United States, but ultimately these plans were cancelled, and she remained in Casablanca until the end of the war. After the war, her fate was also uncertain.

Various scenarios were considered, ranging from continuing the finishing works according to the original design, conversion into an aircraft carrier, and ending with scrapping. Ultimately, the decision was made to complete the ship as a battleship with significant changes to the original design. After being brought back to France, the ship was repaired and modernized. On January 16, 1949, "Jean Bart" officially entered service. This event was significant because she became the last battleship-class ship commissioned into service!

The post-war service of the battleship was not marked by spectacular events. Two years after entering the service, its anti-aircraft armament was modified to give it its final configuration. In 1956, the battleship took part in operations in the area of the Suez Canal.

In July 1957, the last firing of the main calibre guns was carried out, and on August 1 of the same year, the ship was transferred to the reserve. "Jean Bart" was officially decommissioned in 1968 and scrapped two years later.

Francuski pancernik „Jean Bart" wraz z bliźniaczym „Richelieu" należał do grona największych i najnowocześniejszych okrętów tej klasy, jakie pełniły służbę w Marine Nationale. Przy ich konstrukcji wykorzystano doświadczenia zdobyte podczas budowy pancerników typu Dunkerque, jednostek mniejszych i słabiej uzbrojonych, ale jak na tamte czasy dość nowoczesnych.

Cechą charakterystyczną wspomnianych okrętów, w tym też „Jean Barta", był nietypowy układ uzbrojenia głównego skoncentrowany w dwóch czterolufowych wieżach rozlokowanych w części dziobowej, podczas gdy artylerię średniego kalibru rozlokowano z kolei w części rufowej. To w połączeniu z masywną bryłą wieży dowodzenia i „zamaskowanym" w pozostałej części nadbudówek kominem tworzyło wspaniale prezentującą się sylwetkę pięknego i zarazem bardzo groźnego okrętu.

„Jean Bart" został zbudowany w stoczni Ateliers et Chantiers de Saint-Nazarie (Penhoët) w Saint-Nazarie. Stępkę położono 12 grudnia 1936 r. Okręt został zwodowany 6 marca 1940 roku.

Pogarszająca się sytuacja międzynarodowa tamtego okresu sprawiła, że budowanego według projektu pancerników typu Richelieu (w sumie Francuzi planowali budowę czterech jednostek tego typu) „Jean Barta" nie zdołano ukończyć przed zajęciem Francji przez wojska niemieckie. W chwili kapitulacji Francji stan zaawansowania prac na okręcie szacowano na około 80%, co sprawiało, że nie mógł być wprowadzony do służby i skierowany do działań wojennych. Aby ratować cenną jednostkę, nieukończony „Jean Bart" został wysłany do Casablanki, co miało nie pozwolić na przejęcie go przez Niemców. Niepewne stanowisko rządów Vichy sprawiało jednak, że pozostające w portach kolonialnych Afryki Północnej francuskie okręty, w tym „Jean Bart", postrzegane były przez Brytyjczyków jako zagrożenie i bacznie obserwowane.

Po dwóch latach względnie spokojnego postoju „Jean Bart" stał się celem alianckich okrętów w czasie operacji „Torch" (lądowanie sprzymierzonych w Maroku i Algierii francuskiej). Podczas stoczonego 8 listopada 1942 r. pojedynku artyleryjskiego z amerykańskimi okrętami wspierającymi operację desantową „Jean Bart" został kilkukrotnie trafiony pociskami kal. 406 mm z pancernika USS „Massachusetts" oraz kilkoma bombami lotniczymi. Okręt był poważnie uszkodzony i wymagał sporych napraw.

Podobnie jak w przypadku bliźniaczego „Richelieu", rozważano wysłanie okrętu do jednej ze stoczni w Stanach Zjednoczonych, ale ostatecznie z planów tych nic nie wyszło i pancernik pozostał w Casablance do końca wojny. Po wojnie jego losy również nie były pewne.

Rozważano różne scenariusze, począwszy od kontynuowania prac wykończeniowych wg pierwotnego projektu, przebudowy na lotniskowiec, a na złomowaniu kończąc. Ostatecznie zapadła decyzja o ukończeniu okrętu jako pancernika z naniesieniem istotnych zmian w stosunku do pierwotnego projektu. Po sprowadzeniu do Francji, przeprowadzeniu napraw i prac modernizacyjnych, 16 stycznia 1949 r. „Jean Bart" oficjalnie wszedł do służby. Wydarzenie to było o tyle ważne, że „Jean Bart" stawał się tym samym ostatnim wprowadzonym do służby okrętem klasy pancernik!

Powojenna służba pancernika nie odznaczała się spektakularnymi wydarzeniami. Dwa lata od wejścia do służby zmodyfikowano jego uzbrojenie przeciwlotnicze, nadając mu ostateczną konfigurację. W 1956 r. pancernik wziął udział w działaniach w rejonie Kanału Sueskiego.

The French Battleship Jean Bart • Witold Koszela
First edition / Wydanie pierwsze • LUBLIN 2021 • ISBN 978-83-66673-83-0

Translation / Tłumaczenie: **Stanisław Powała-Niedźwiecki** • Color profiles / Plansze barwne: **Witold Koszela** • Scale drawings / Rysunki techniczne: **Witold Koszela** • Design: **KAGERO STUDIO**

Distribution / Dystrybucja: Kagero Publishing • www.kagero.pl • e-mail: kagero@kagero.pl, marketing@kagero.pl
Editorial Office, Marketing / Redakcja, Marketing: Kagero Publishing, ul. Akacjowa 100, os. Borek, Turka, 20-258 Lublin 62, Poland, phone/fax +48 81 501 21 05

Tactical and technical data

Type – Richelieu
Twin Ships – "Richelieu"
Shipyard – Ateliers et Chantiers de Saint-Nazarie (Penhoët)
Date of keel laying – December 12, 1936
Date of launching – March 6, 1940
Date of entry into service – January 16, 1949
Date of decommissioning – 1968
Standard displacement – 46 809 t
Full displacement – 49 196 t
Total length – 247.85 m
Length on the waterline – 242.00 m
Width – 35.54 m
Maximum draft – 10.90 m
Drive – 6 Sural-Indret water-tube boilers, 4 sets of system steam turbines Parsons-Rateau with a total power of 150.000 KM
Maximum speed – 32 knots
Range – 6,000 Mm at 20 knots, 8,000 Mm at 15 knots
Fuel reserve – 6,805 t
Armament:
8 (2 × 4) 380 mm guns
9 (3 × 3) 152 mm guns
24 (12 × 2) 100 mm guns
28 (14 × 2) 57 mm guns

Armor:
sides – 330–170 mm
decks – 170–130 mm
main artillery turrets – 430–170 mm
medium artillery turrets – 130–160 mm
command post – 340–280 mm

Crew – 1,381 people

W lipcu 1957 r. przeprowadzono ostatnie strzelania z dział głównego kalibru, a 1 sierpnia tego samego roku okręt przeniesiono do rezerwy. „Jean Barta" oficjalnie wycofano ze służby w 1968 r., a dwa lata później zezłomowano.

Dane taktyczno-techniczne

Typ – Richelieu
Okręty bliźniacze – „Richelieu"
Stocznia – Ateliers et Chantiers de Saint-Nazarie (Penhoët)
Data położenia stępki – 12 grudnia 1936 r.
Data wodowania – 6 marca 1940 r.
Data wejścia do służby – 16 stycznia 1949 r.
Data wycofania ze służby – 1968 r.
Wyporność standardowa – 46 809 t
Wyporność pełna – 49 196 t
Długość całkowita – 247,85 m
Długość na KLW – 242,00 m
Szerokość – 35,54 m
Zanurzenie maksymalne – 10,90 m
Napęd – 6 kotłów wodnorurkowych Sural-Indret, 4 zespoły turbin parowych systemu Parsons-Rateau o łącznej mocy 150 000 KM
Prędkość maksymalna – 32 w.
Zasięg – 6000 Mm przy 20 w., 8000 Mm przy 15 w.
Zapas paliwa – 6805 t
Uzbrojenie:
8 (2 × 4) armat kal. 380 mm
9 (3 × 3) armat kal. 152 mm
24 (12 × 2) armat kal. 100 mm
28 (14 × 2) armat kal. 57 mm

Opancerzenie:
burty – 330–170 mm
pokłady – 170–130 mm
wieże artylerii głównej – 430–170 mm
wieże artylerii średniej – 130–160 mm
stanowisko dowodzenia – 340–280 mm

Załoga – 1381 ludzi

Naval Battle of Casablanca, November 8–16, 1942. View of French battleship "Jean Bart", following attack by Allied gunfire and aerial bombardment. Aerial photograph taken by aircraft from USS "Ranger" (CV 4), 11 November 1942. Official U.S. Navy Photograph. [Public domain]

Bitwa morska o Casablancę, 8–16 listopada 1942 roku. Widok na francuski pancernik „Jean Bart" po alianckim ostrzale i ataku z powietrza. Zdjęcie lotnicze wykonane przez samolot z pokładu USS „Ranger" (CV 4) 11 listopada 1942 roku. Oficjaln fotografia US Navy. [Domena publiczna]

Frames cross-sections
Przekroje wręgowe

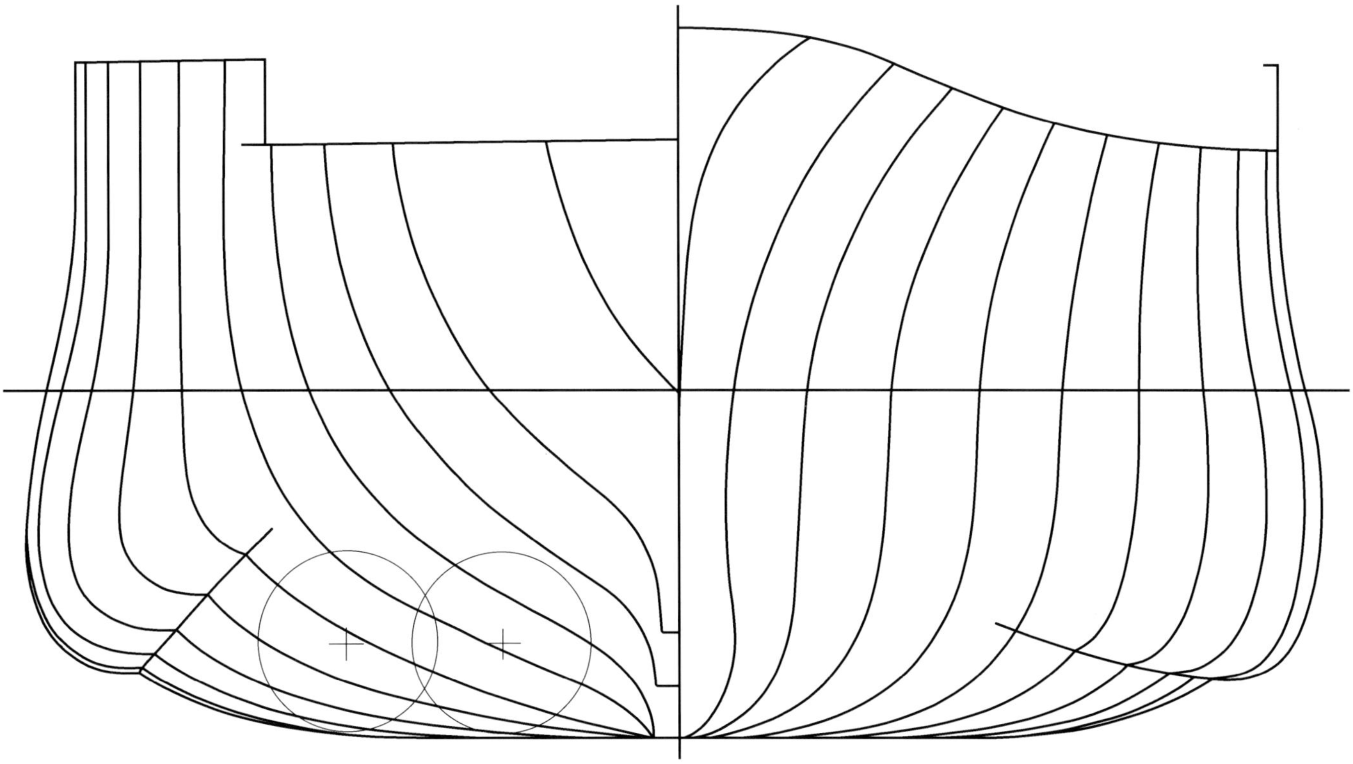

Hull's cross-section at frame No. 104
Przekrój kadłuba na wręgze nr 104

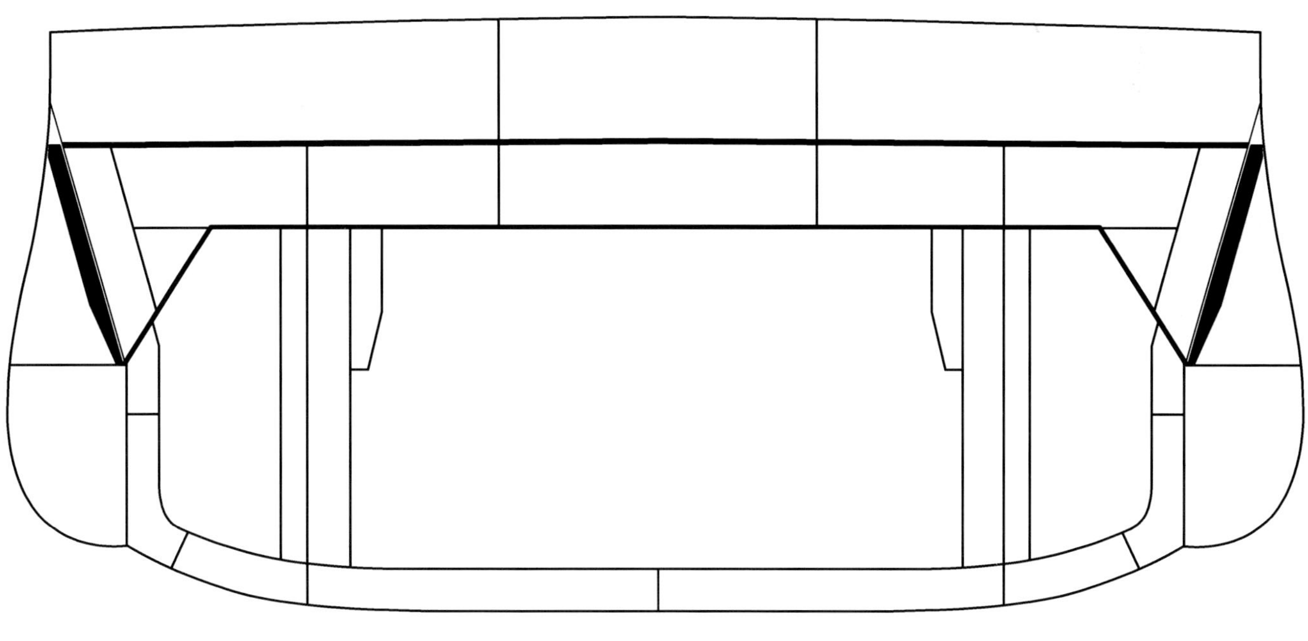

TOPDRAWINGS

Jean Bart

Scale/Skala:
1/200

Foredeck
Pokład dziobowy

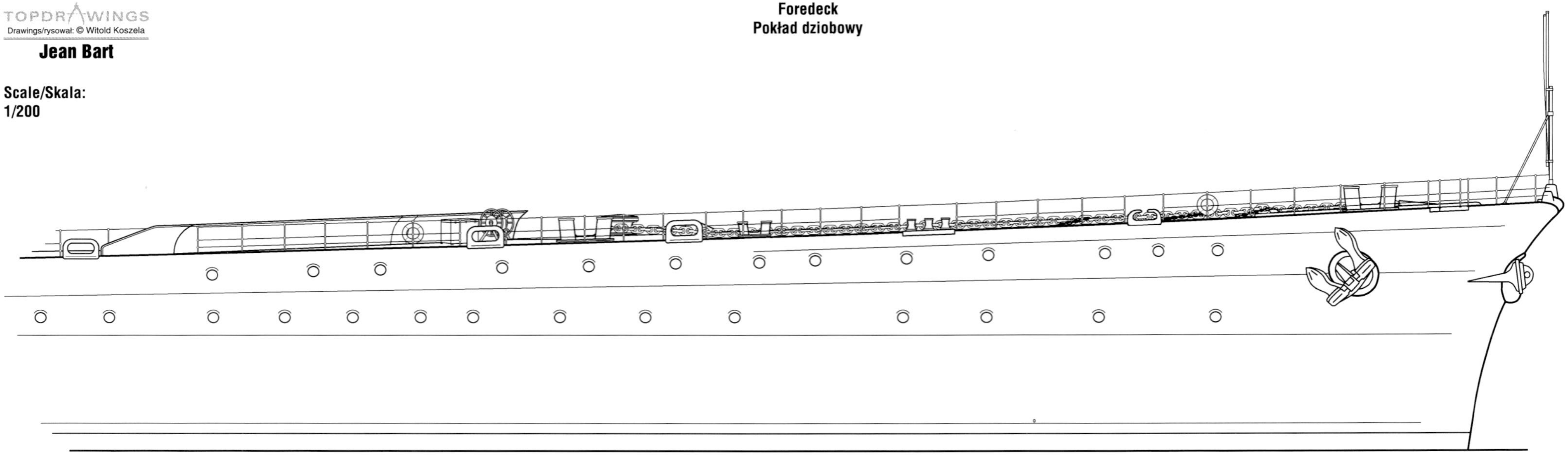

starboard side view

widok z prawej burty

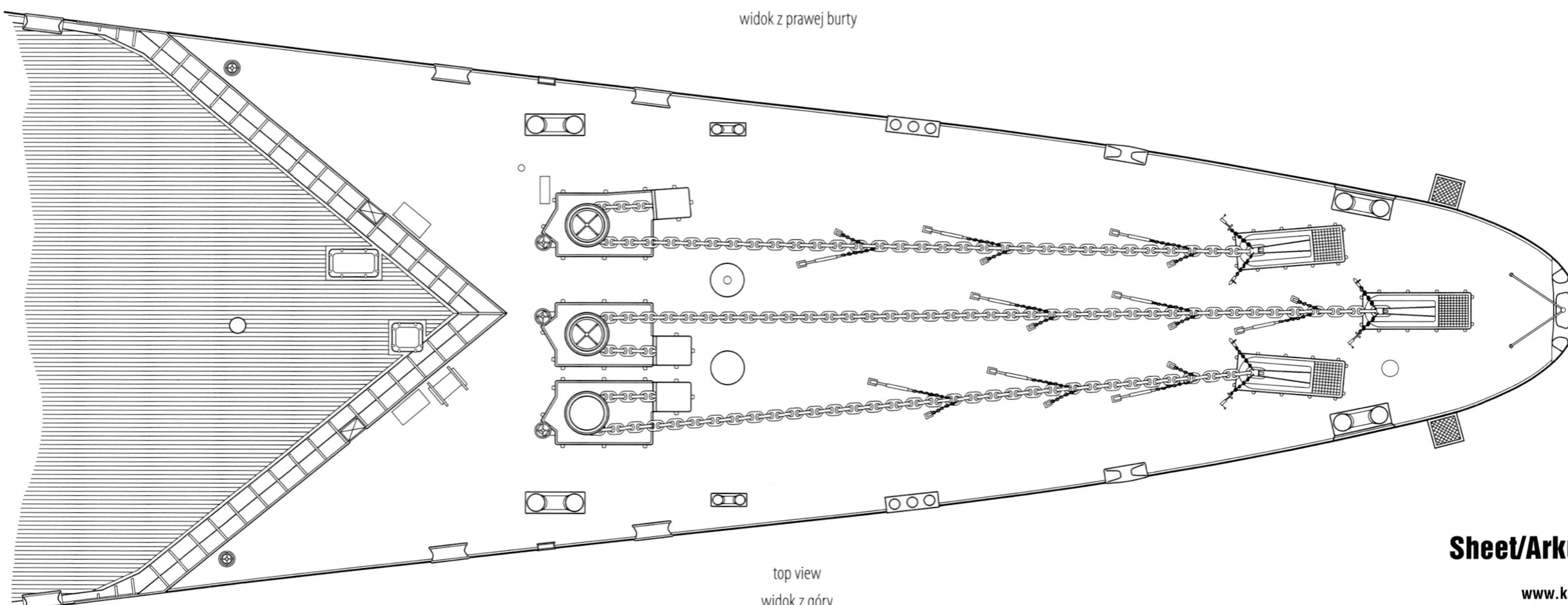

top view

widok z góry

Sheet/Arkusz 2

Main superstructure, 1950
Nadbudówka główna, 1950 rok

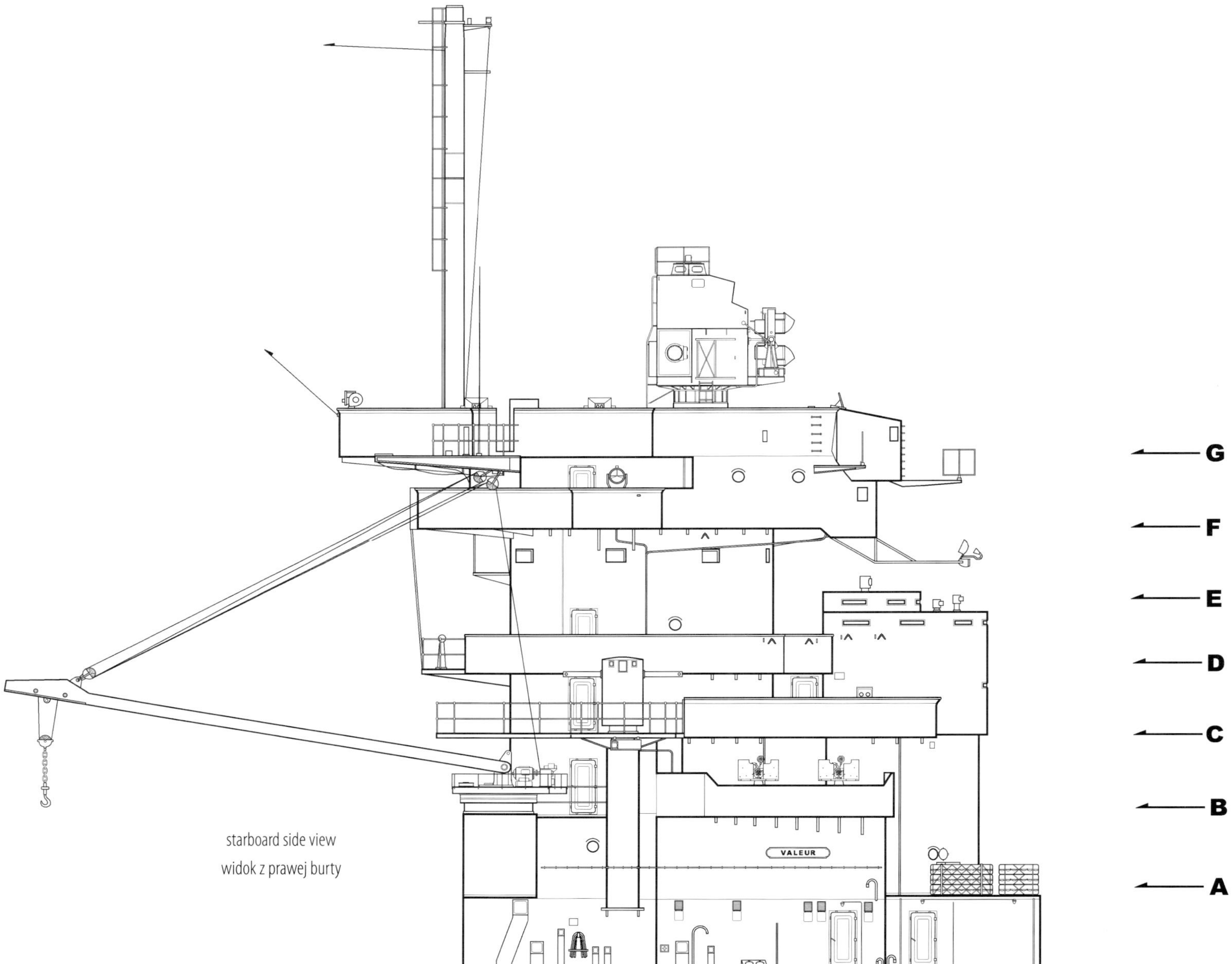

starboard side view
widok z prawej burty

Scale/Skala: 1/200

Main superstructure, 1950
Nadbudówka główna, 1950 rok

G

Platform No. 7
Platforma nr 7

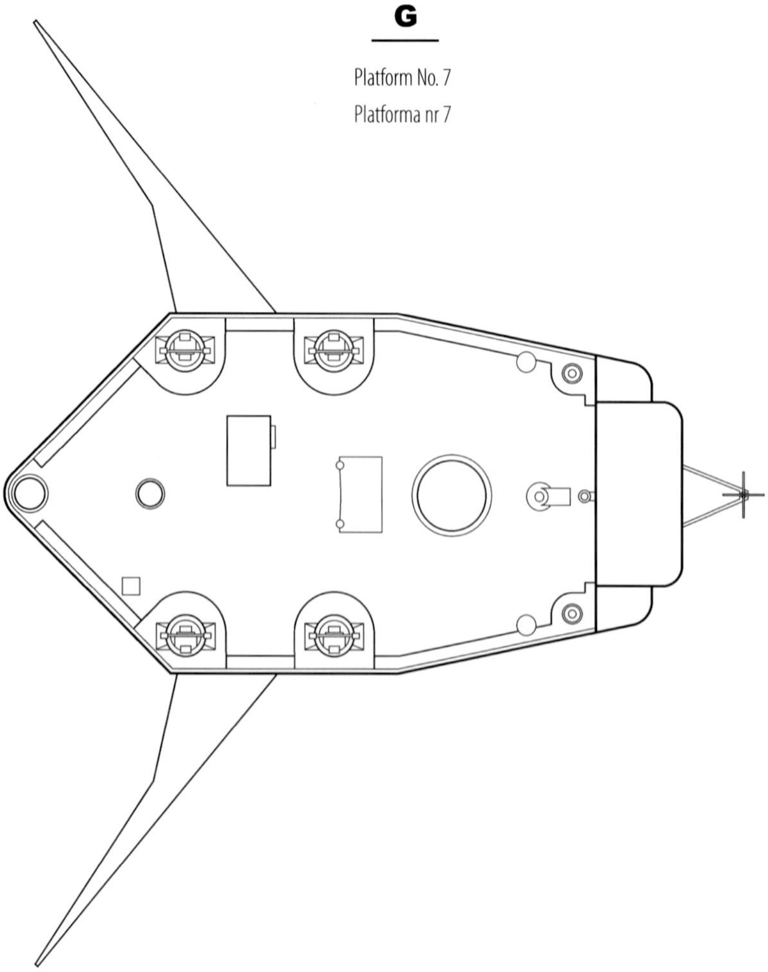

F

Platform No. 6
Platforma nr 6

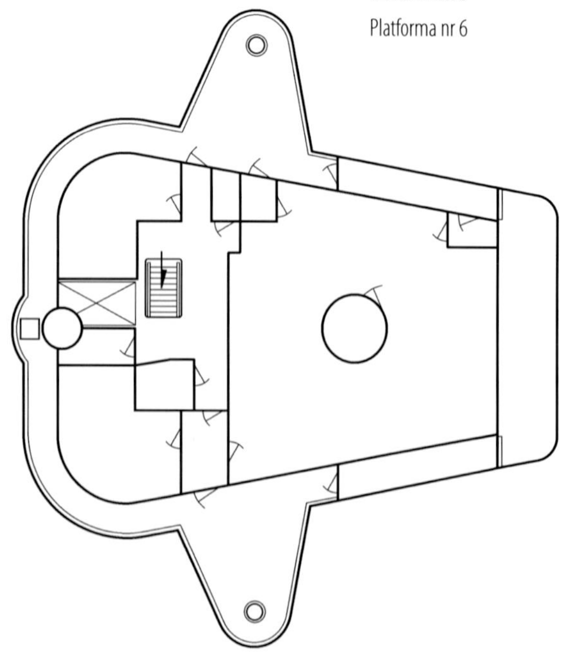

Platform No. 5
Platforma nr 5

E

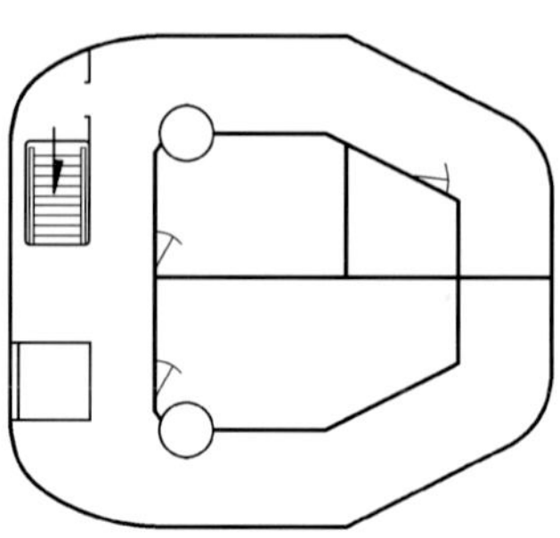

Platform No. 4
Platforma nr 4

D

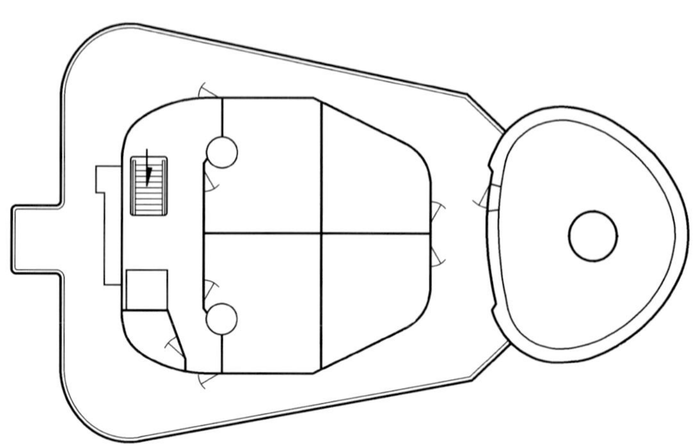

Main superstructure, 1950
Nadbudówka główna, 1950 rok

C

Platform No. 3
Platforma nr 3

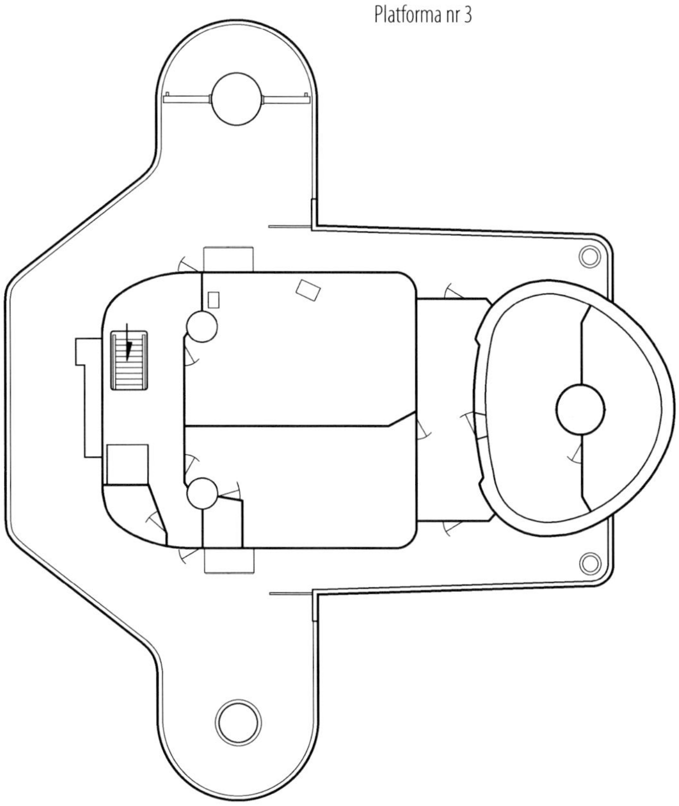

B

Platform No. 2
Platforma nr 2

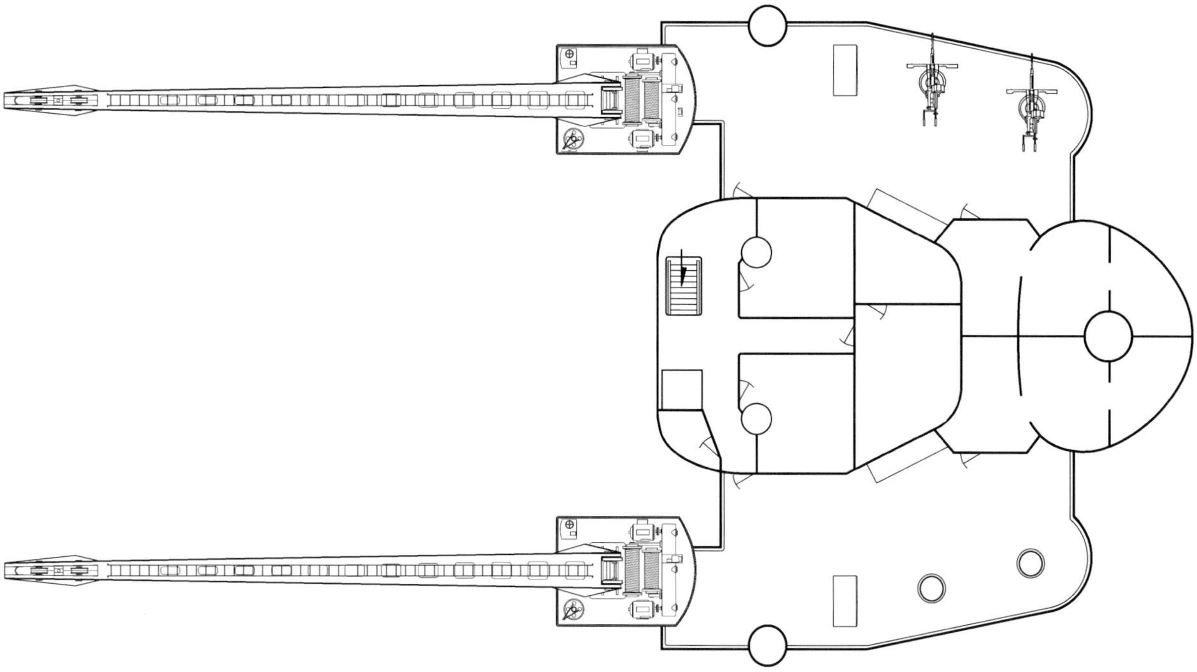

Scale/Skala: 1/200

TOPDRAWINGS
Drawings/rysował: © Witold Koszela
Jean Bart

A

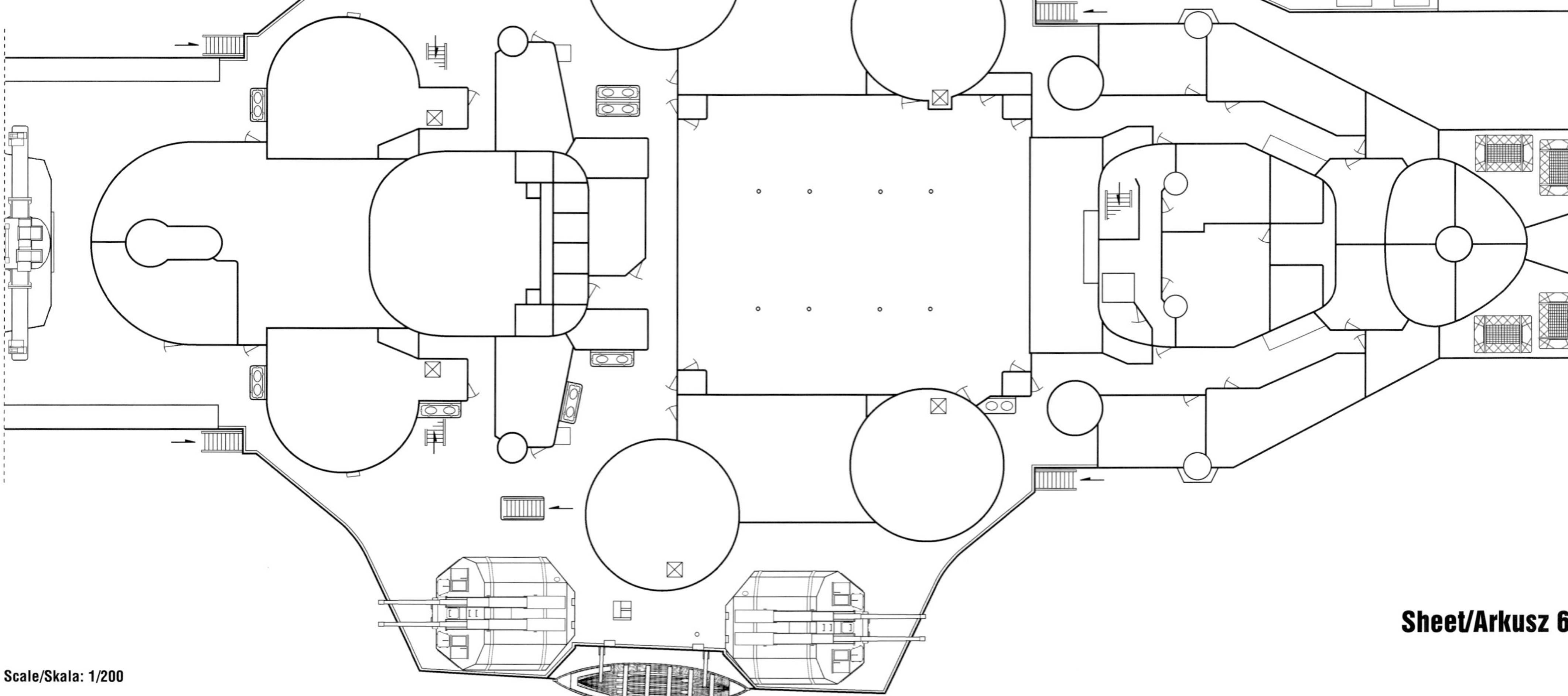

Main superstructure, 1950
Nadbudówka główna, 1950 rok

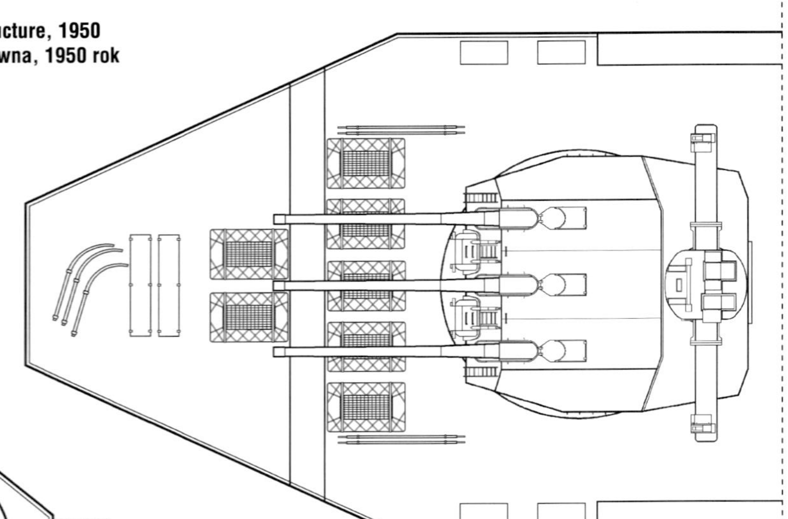

Sheet/Arkusz 6

Scale/Skala: 1/200

TOPDRAWINGS
Drawings/rysował: © Witold Koszela
Jean Bart

Sheet/Arkusz 7

Main superstructure, 1955
Nadbudówka główna, 1955 rok

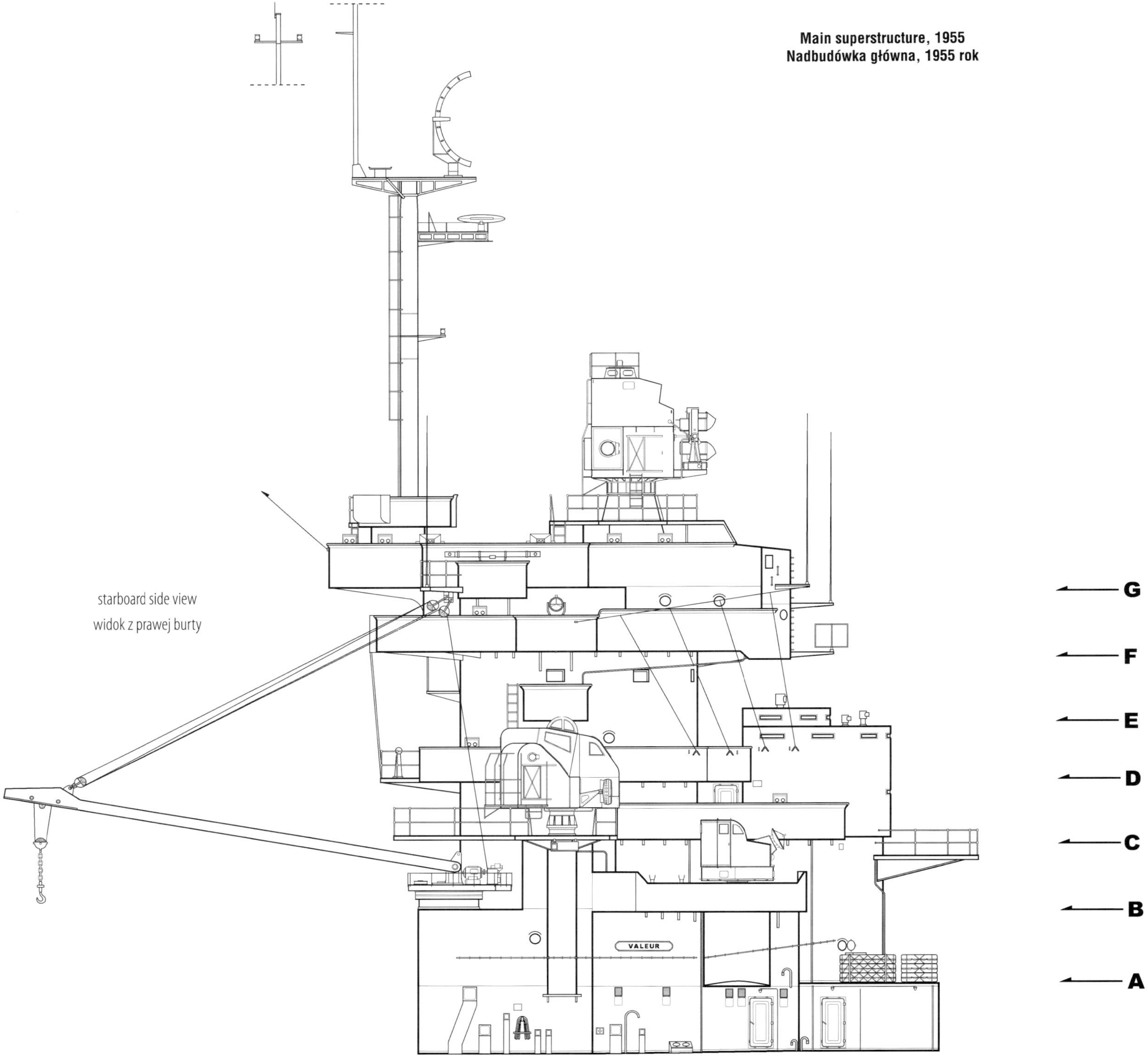

starboard side view
widok z prawej burty

Scale/Skala: 1/200

Main superstructure, 1955
Nadbudówka główna, 1955 rok

G

Platform No. 7
Platforma nr 7

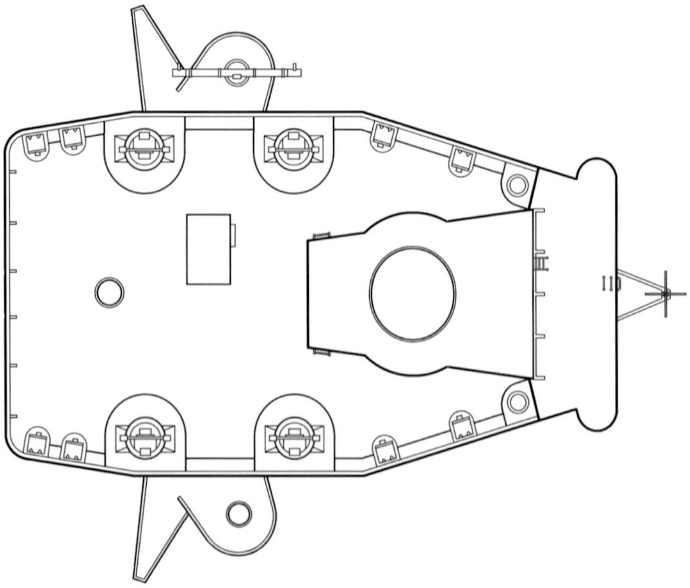

F

Platform No. 6
Platforma nr 6

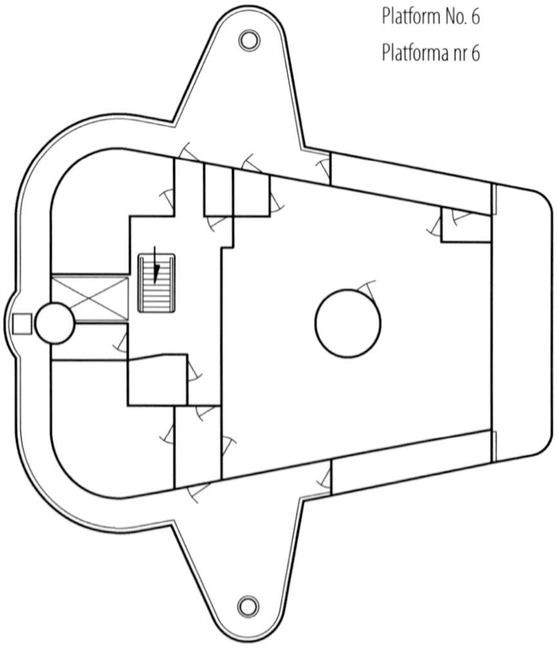

Platform No. 5
Platforma nr 5

E

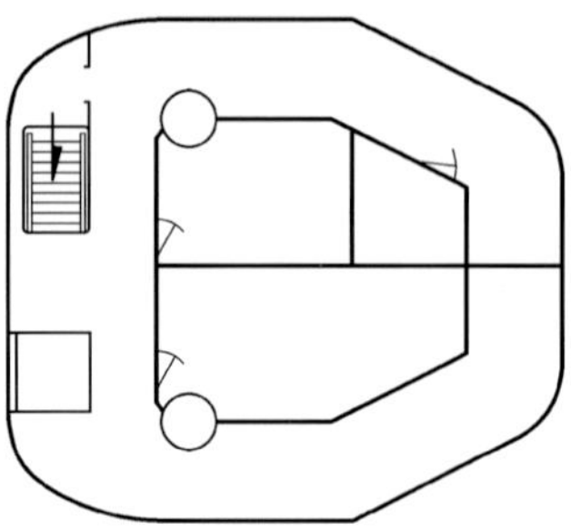

Platform No. 4
Platforma nr 4

D

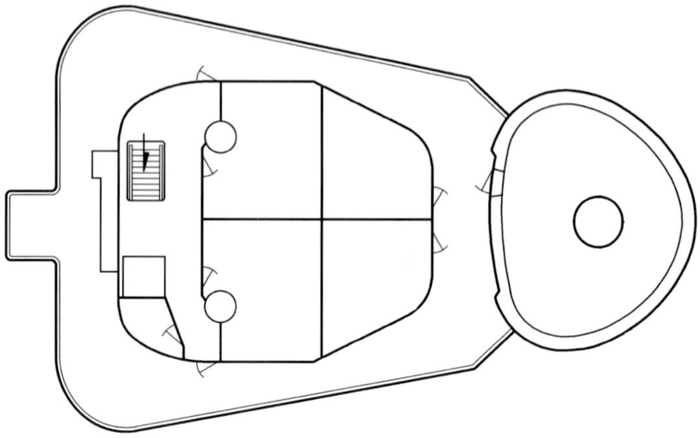

C

Main superstructure, 1955
Nadbudówka główna, 1955 rok

Platform No. 3
Platforma nr 3

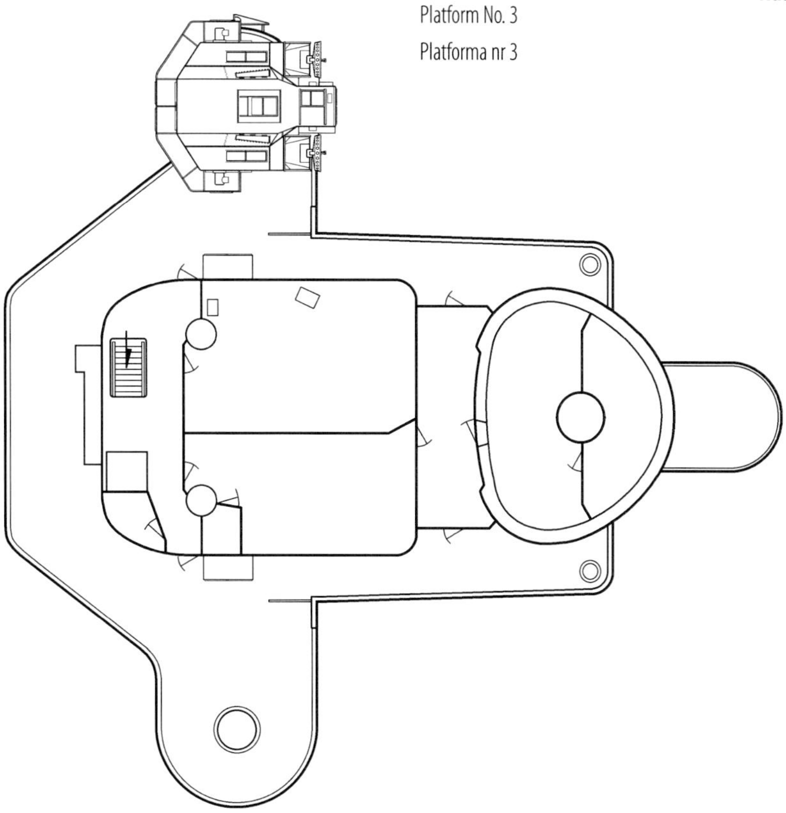

B

Platform No. 2
Platforma nr 2

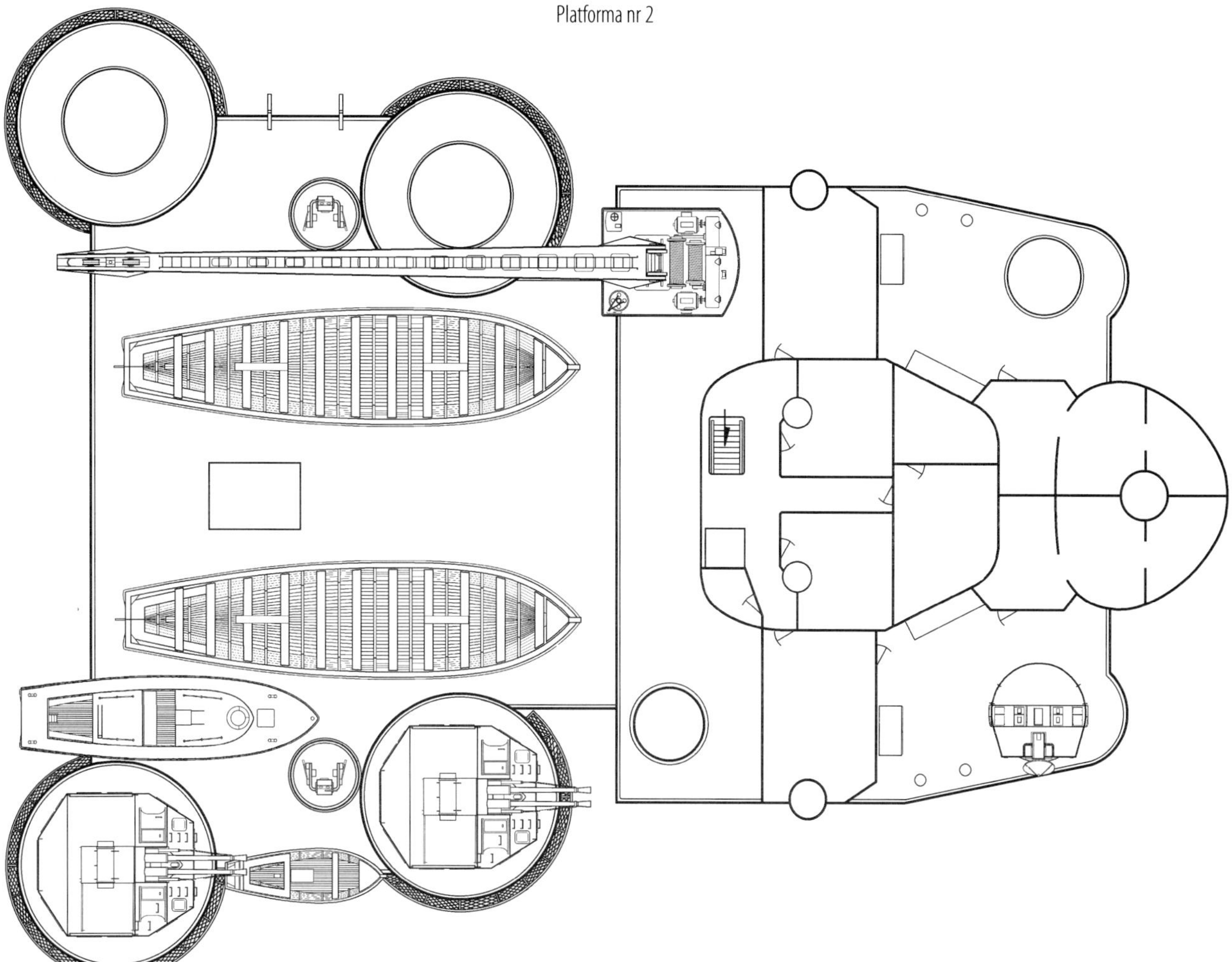

Scale/Skala: 1/200

Main superstructure, 1955
Nadbudówka główna, 1955 rok

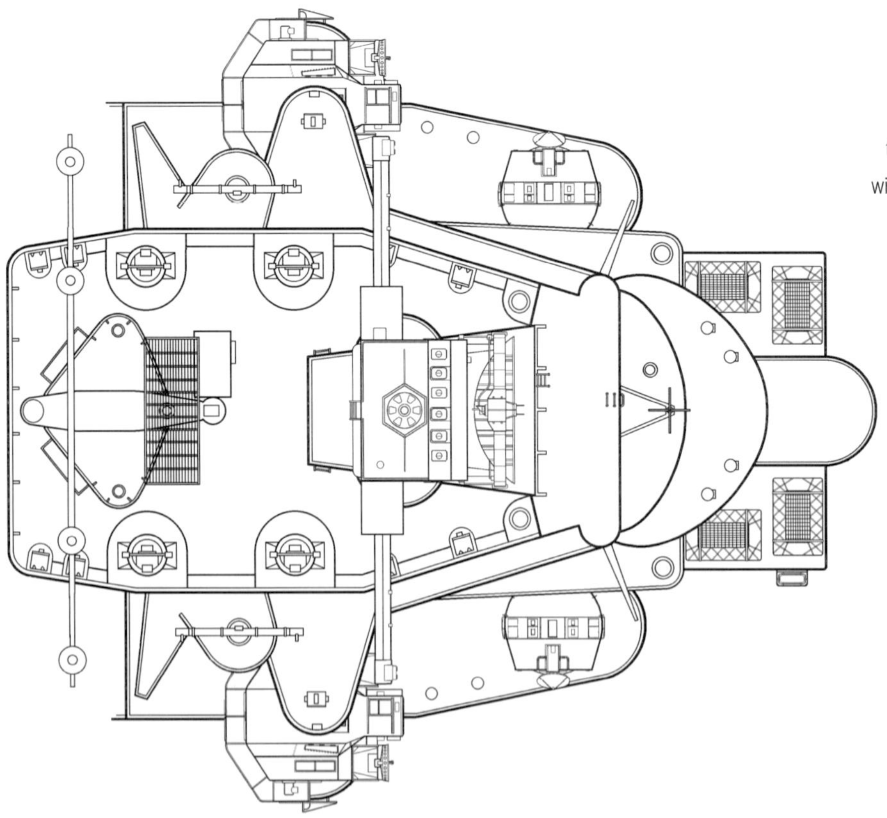

top view
widok z góry

Stern superstructure with funnel, starboard side view, 1950
Nadbudówka rufowa z kominem, widok z prawej burty, rok 1950

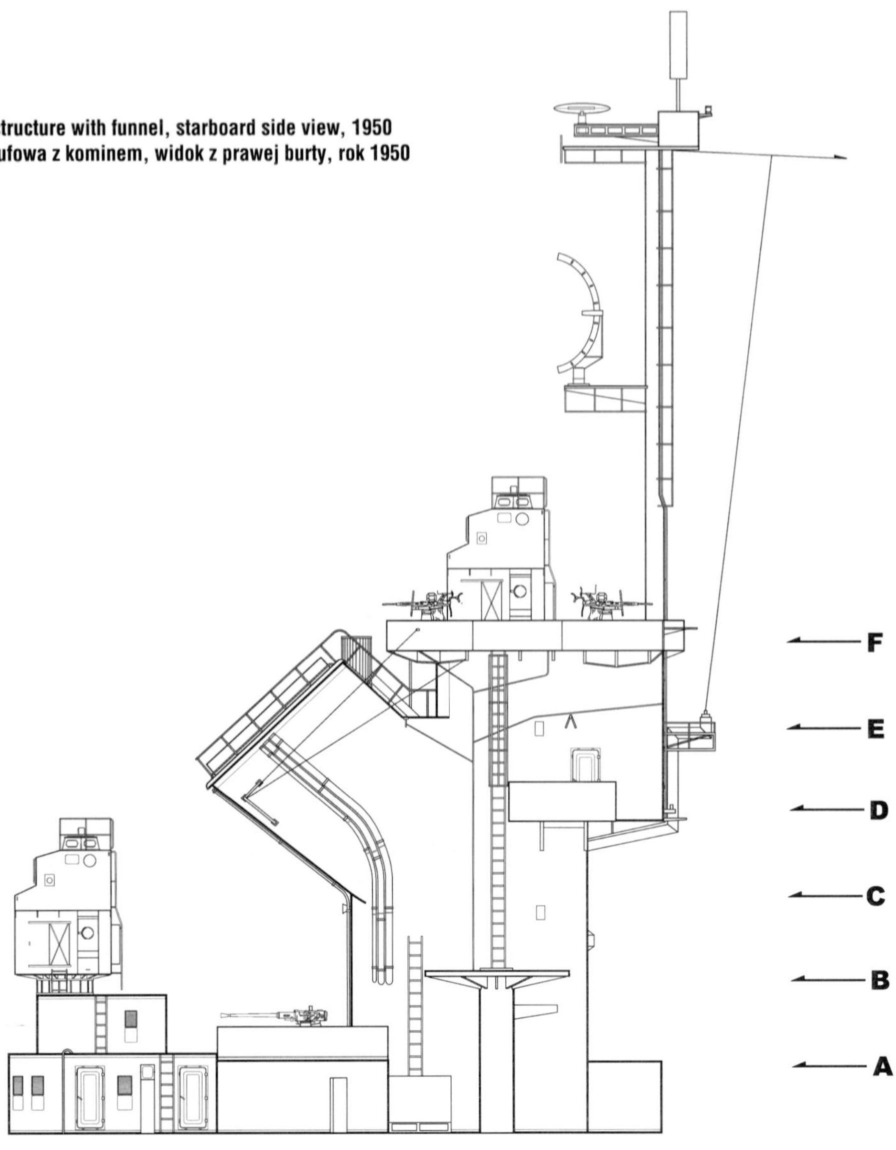

Scale/Skala: 1/200

Stern superstructure with funnel, starboard side view, 1950
Nadbudówka rufowa z kominem, widok z prawej burty, rok 1950

F

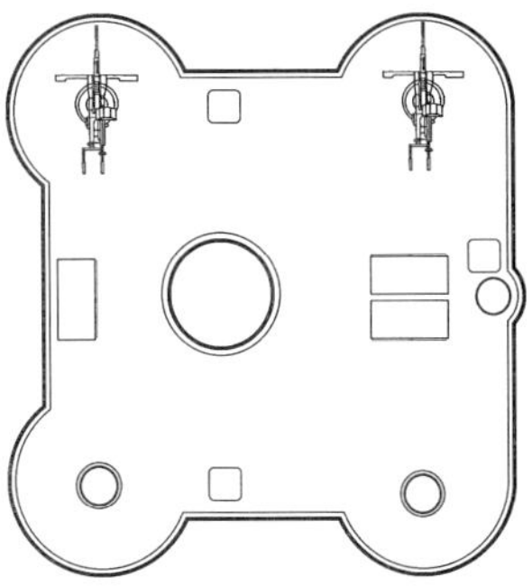

Platform No. 6
Platforma nr 6

E

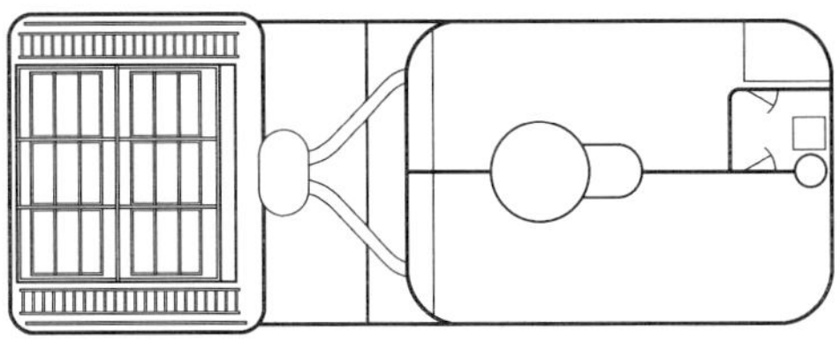

Platform No. 5
Platforma nr 5

D

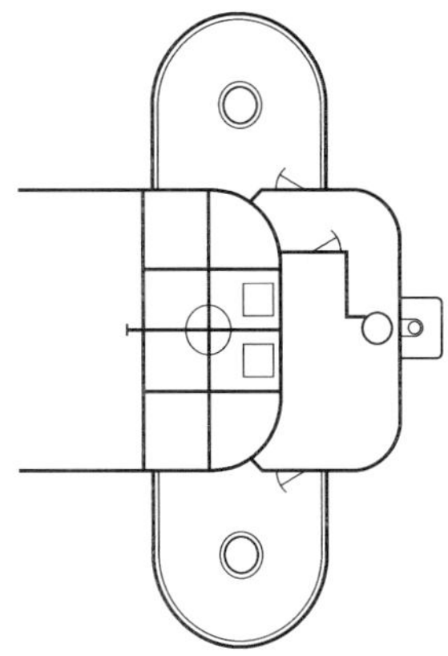

Platform No. 4
Platforma nr 4

C

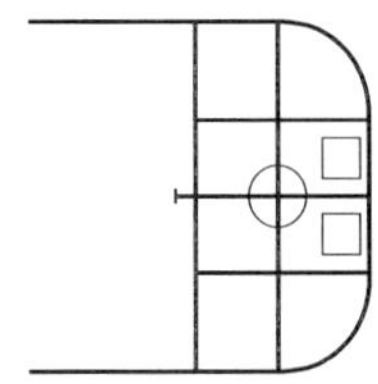

Platform No. 3
Platforma nr 3

B

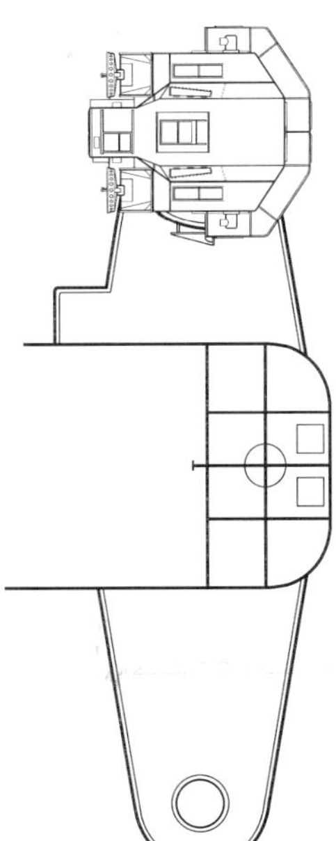

Platform No. 2
Platforma nr 2

A

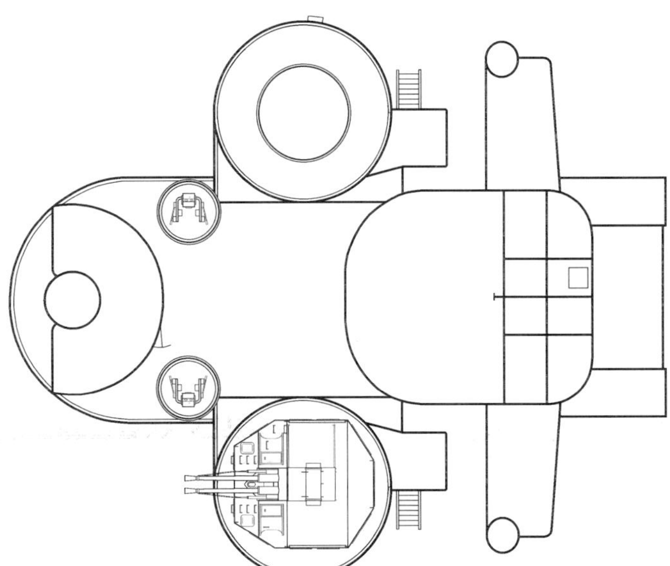

Platform No. 1
Platforma nr 1

Stern superstructure with funnel, starboard side view, 1955
Nadbudówka rufowa z kominem, widok z prawej burty, rok 1955

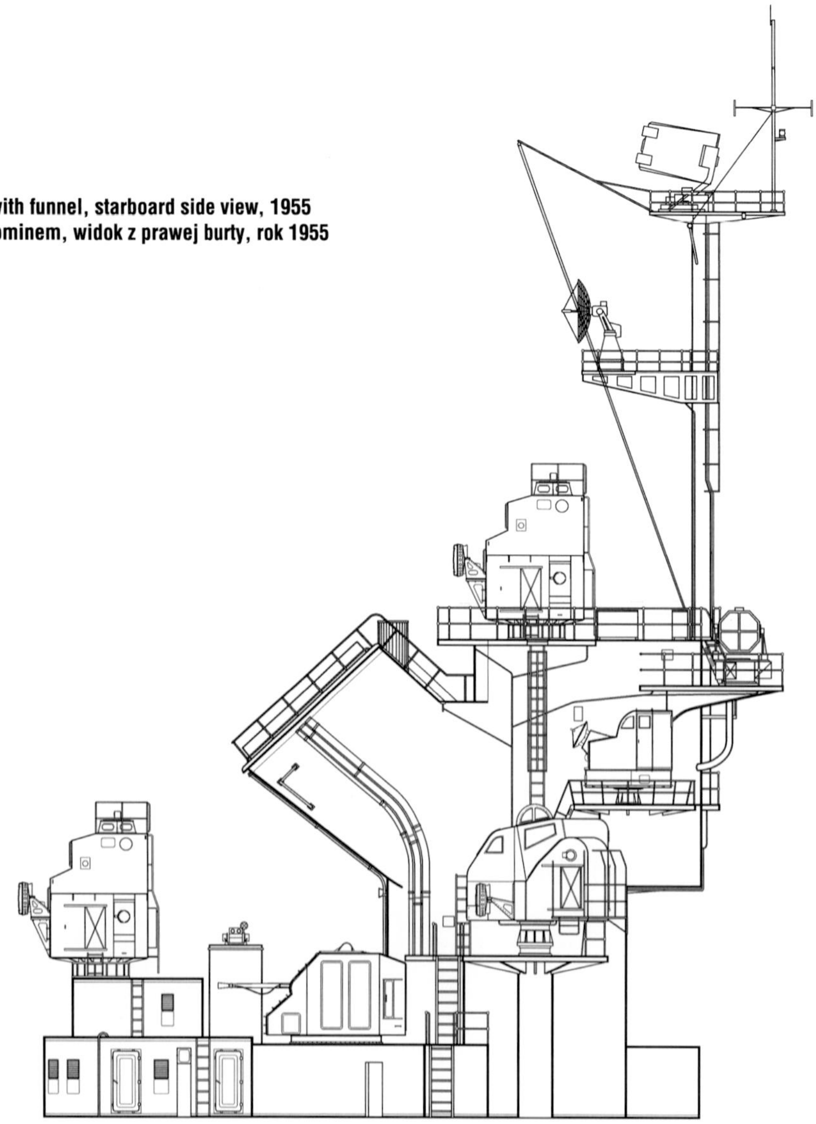

Stern superstructure with funnel, top view
Nadbudówka rufowa z kominem, widok z góry

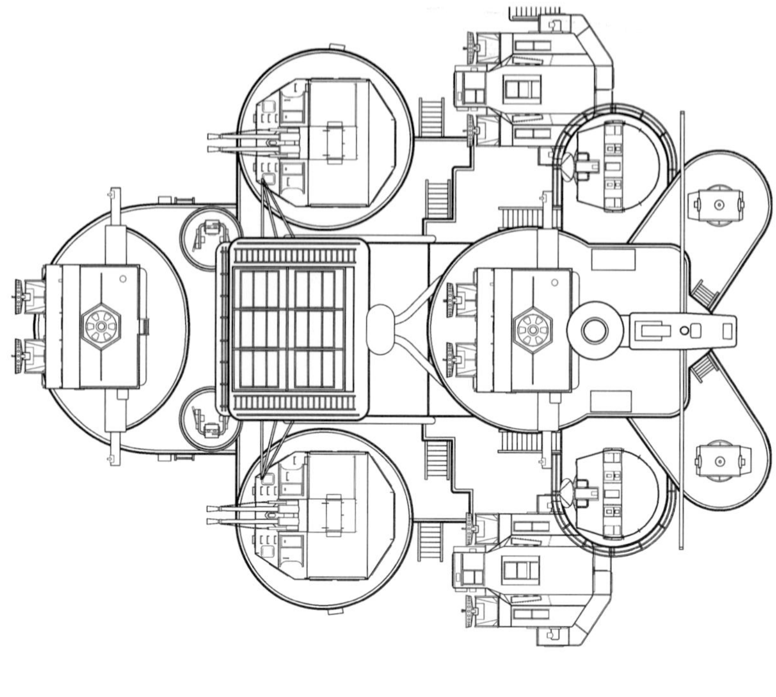

Scale/Skala: 1/200

Stern superstructure
Nadbudówka rufowa

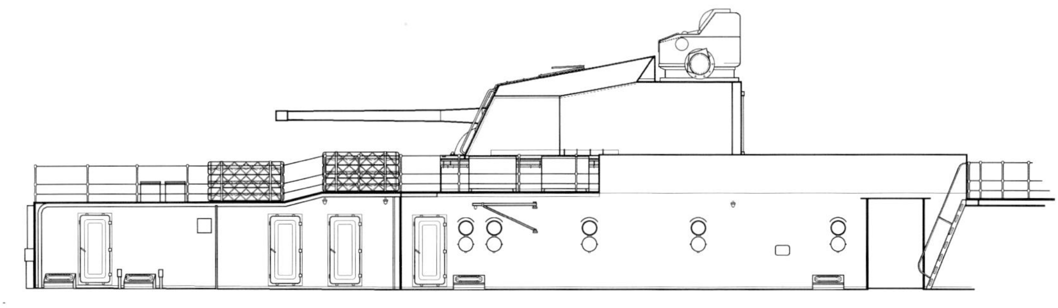

starboard side view
widok z prawej burty

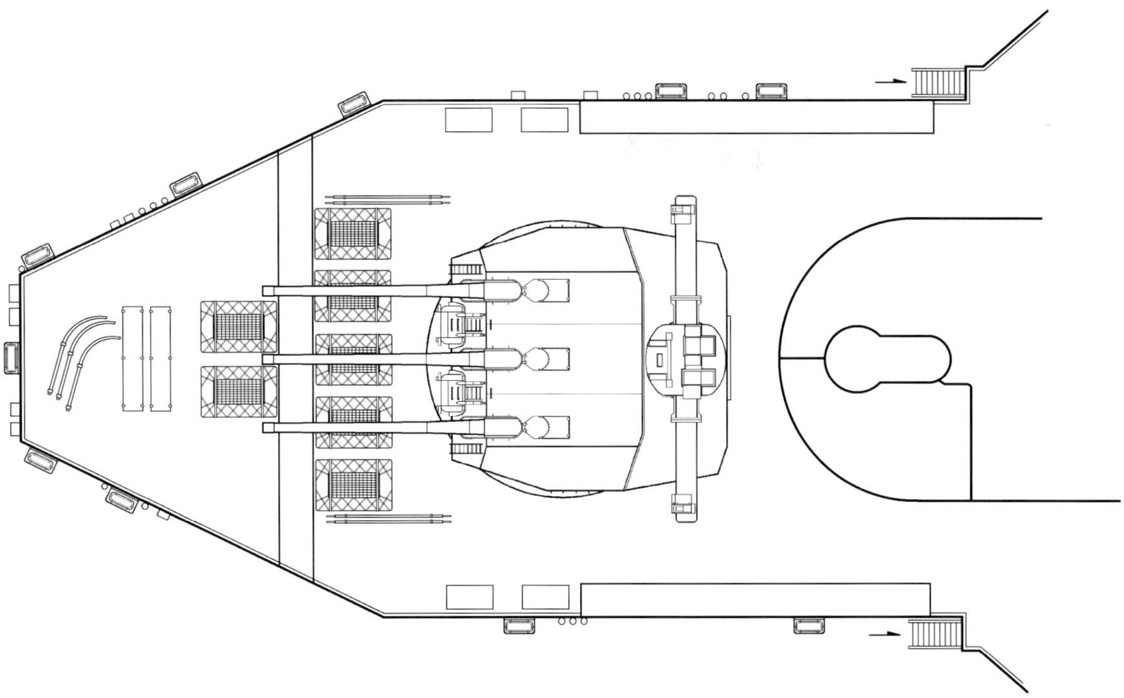

top view
widok z góry

Main artillery turrets
Wieże artylerii głównej

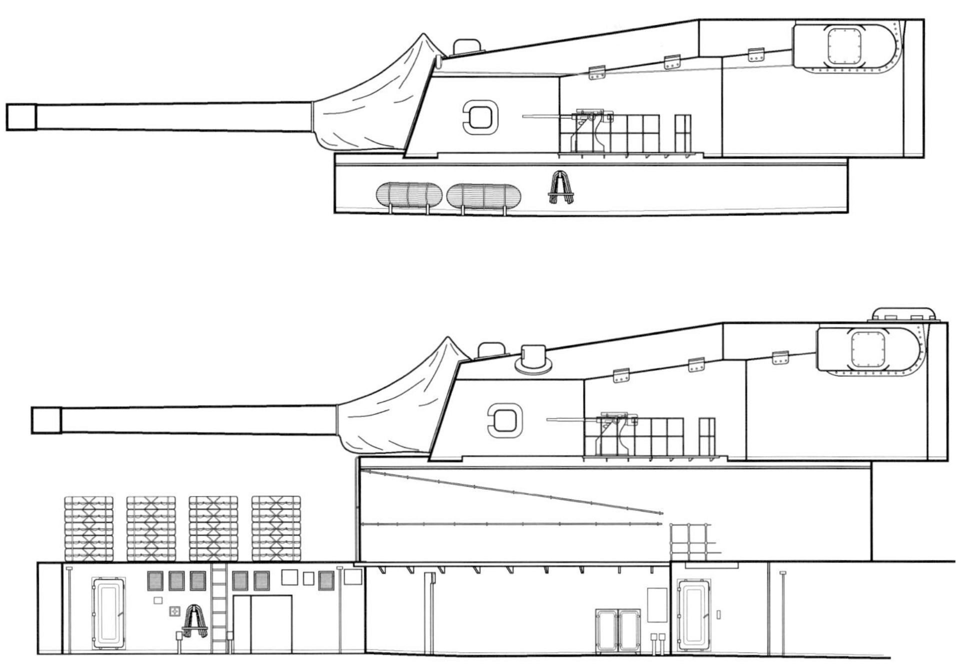

port side view
widok z lewej burty

Main artillery turrets
Wieże artylerii głównej

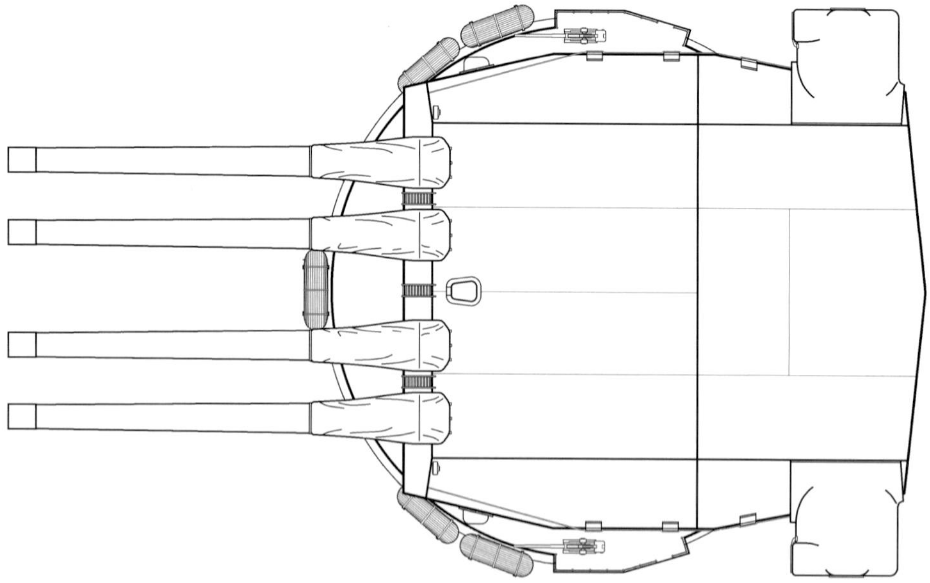

top view
widok z góry

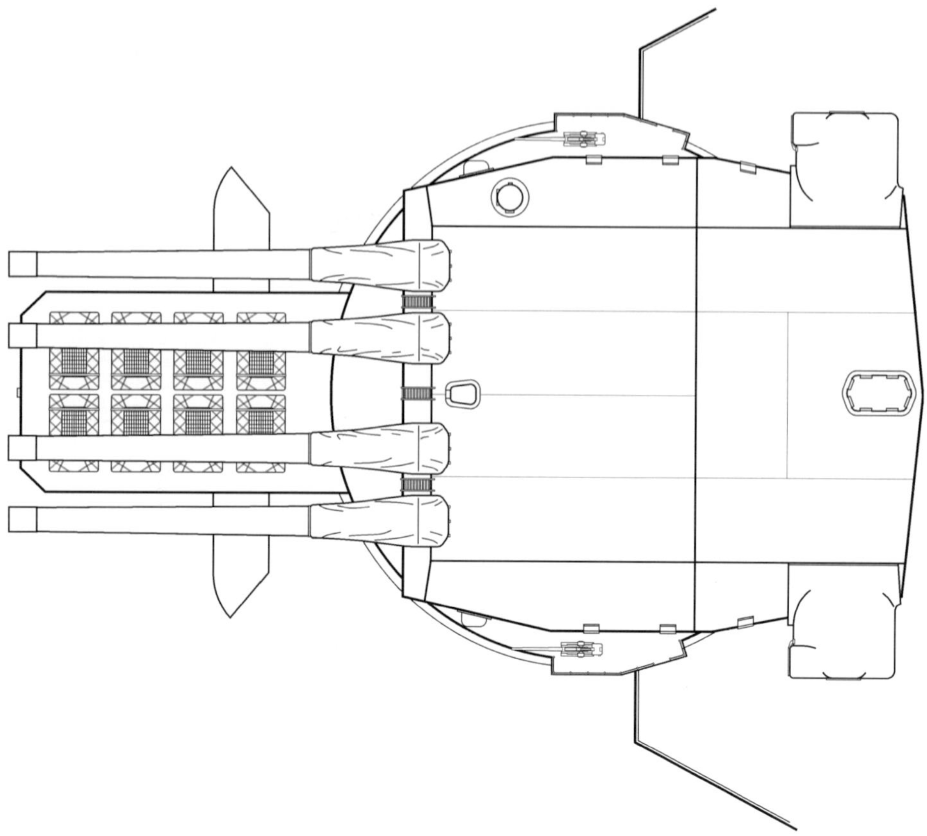

Main artillery turret "A" 380 mm
Wieża A artylerii głównej kal. 380 mm

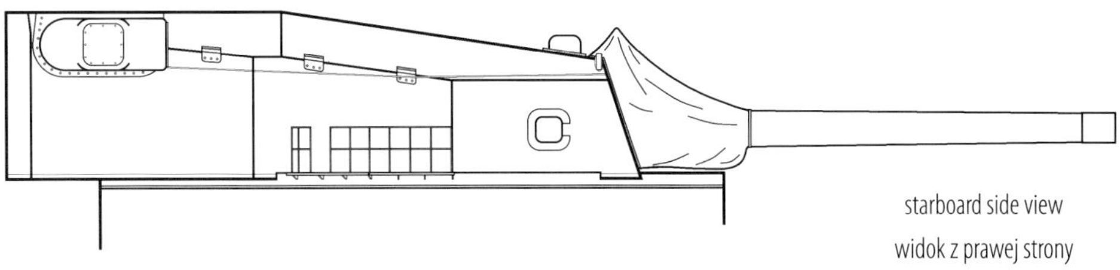

starboard side view
widok z prawej strony

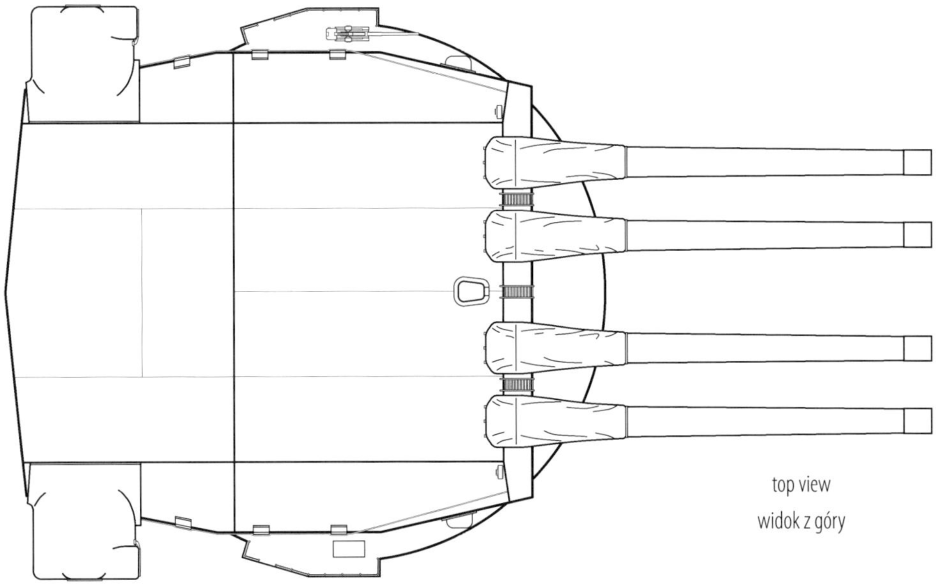

top view
widok z góry

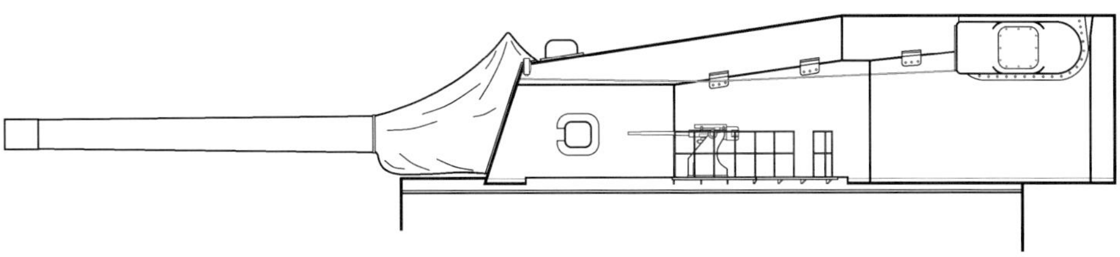

port side view
widok z lewej strony

Scale/Skala: 1/100, 1/200

TOPDRAWINGS
Drawings/rysował: © Witold Koszela

Jean Bart

Main artillery turret "B" 380 mm
Wieża B artylerii głównej kal. 380 mm

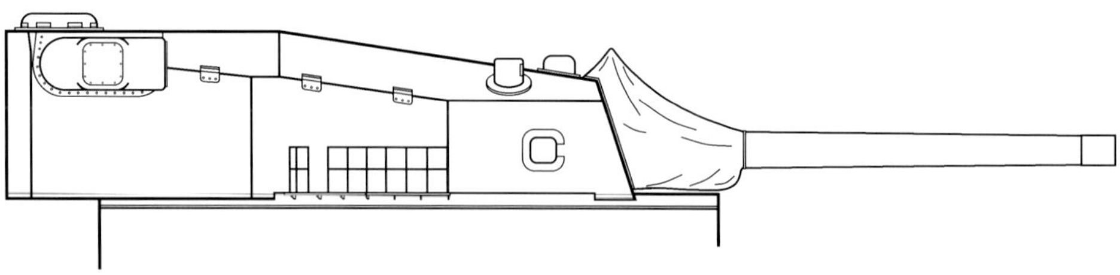

starboard side view
widok z prawej strony

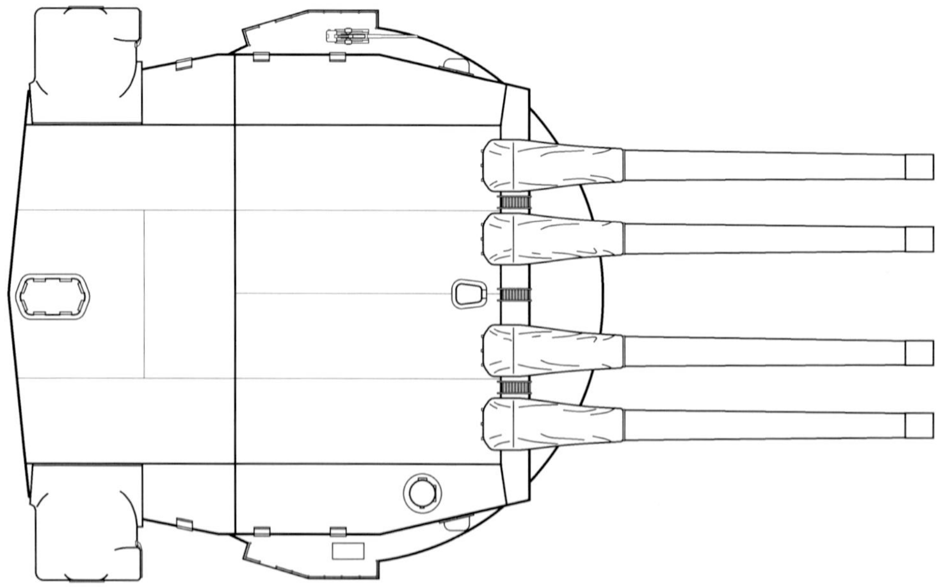

top view
widok z góry

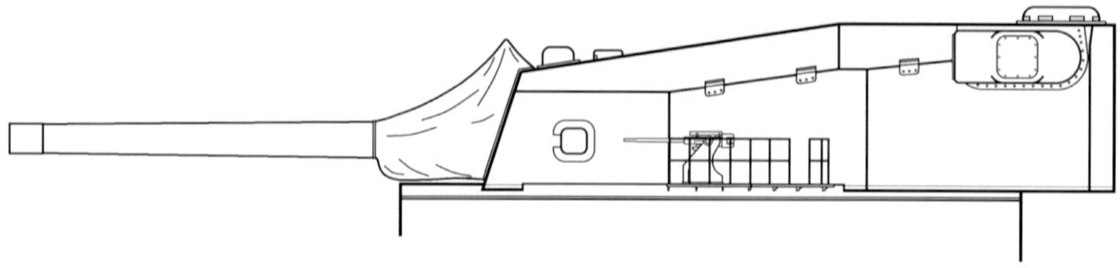

port side view
widok z lewej strony

Barrel elevation angle of the main artillery turrets
Kąty podniesienia luf wieży artylerii głównej

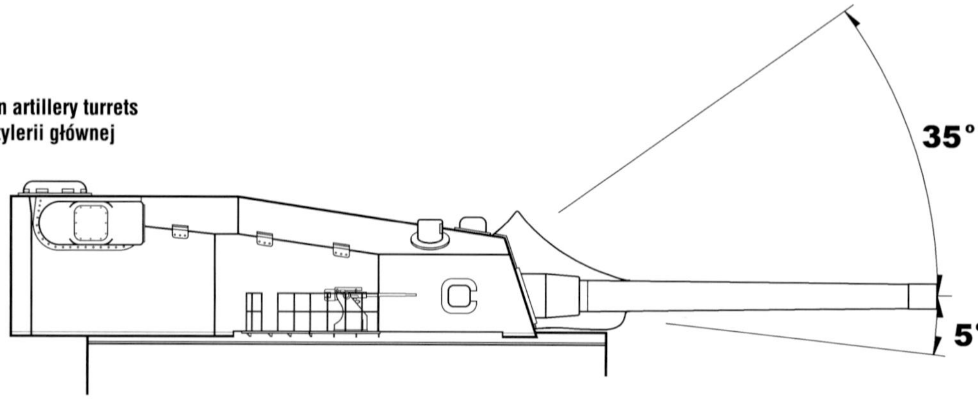

Main artillery turret, front view
Wieża artylerii głównej, widok od przodu

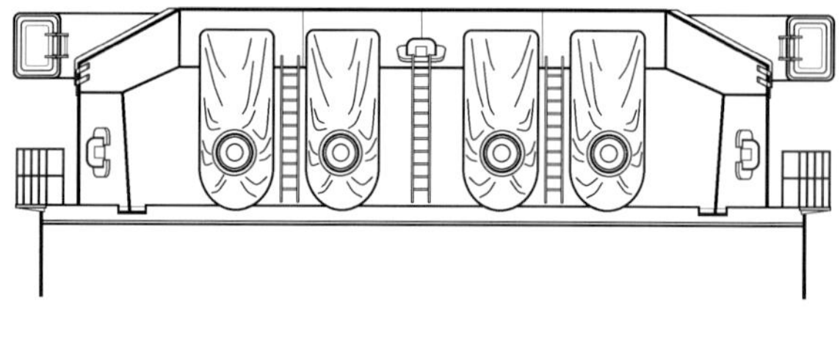

Scale/Skala: 1/200

Medium artillery turret 152 mm
Wieża artylerii średniej kal. 152 mm

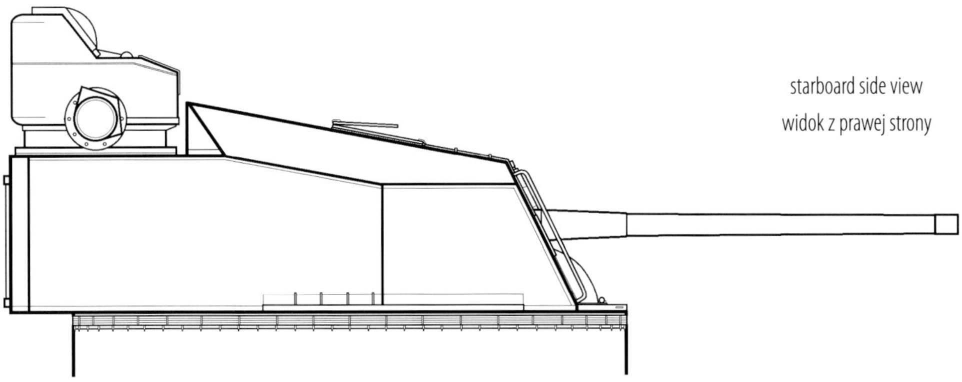

starboard side view
widok z prawej strony

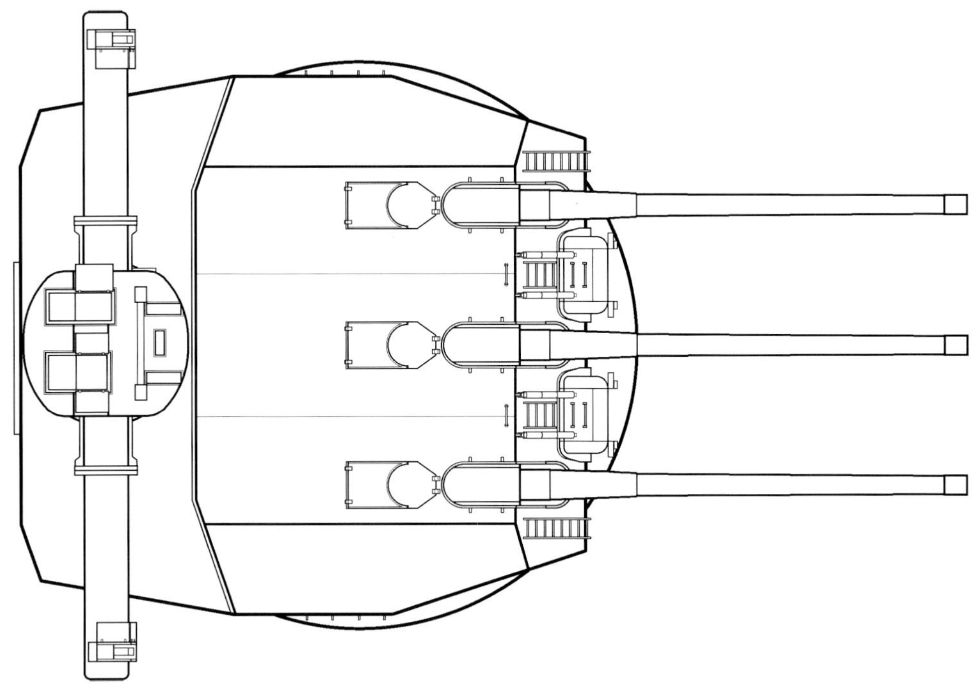

top view
widok z góry

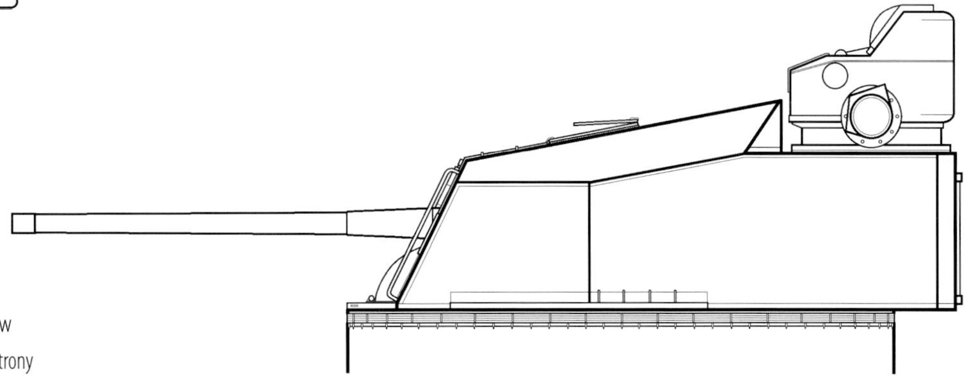

port side view
widok z lewej strony

AA artillery turret M-1945 100 mm
Wieża artylerii plot kal. 100 mm M-1945

starboard side view
widok z prawej strony

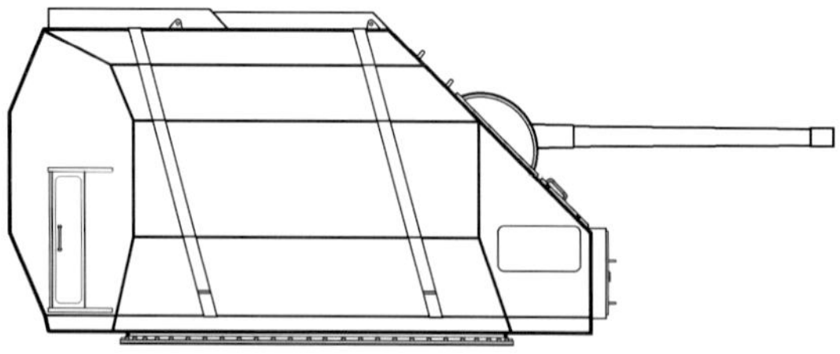

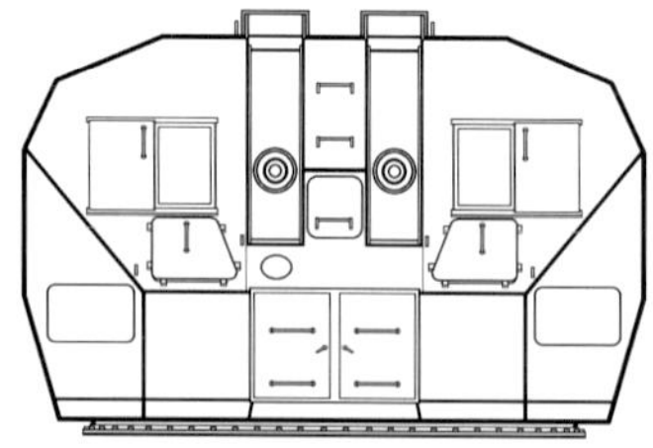

front view
widok z przodu

top view
widok z góry

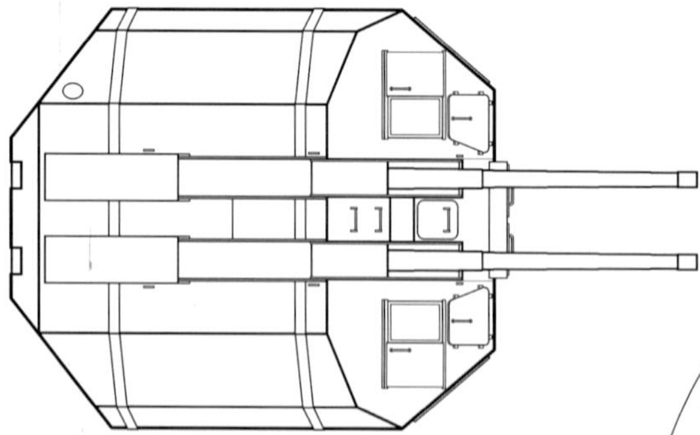

port side view
widok z lewej strony

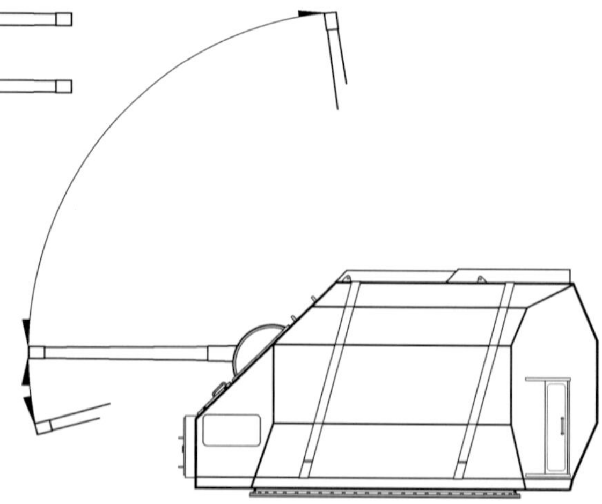

AA artillery turret M-01947/ACAD-1948 57 mm
Wieża artylerii plot kal. 57 mm M-01947/ACAD-1948

starboard side view
widok z prawej strony

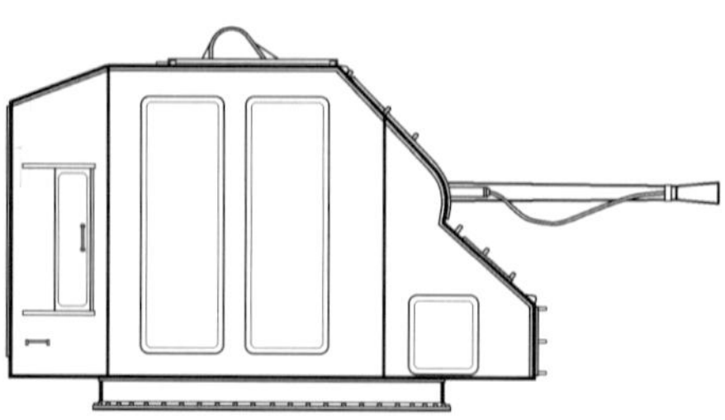

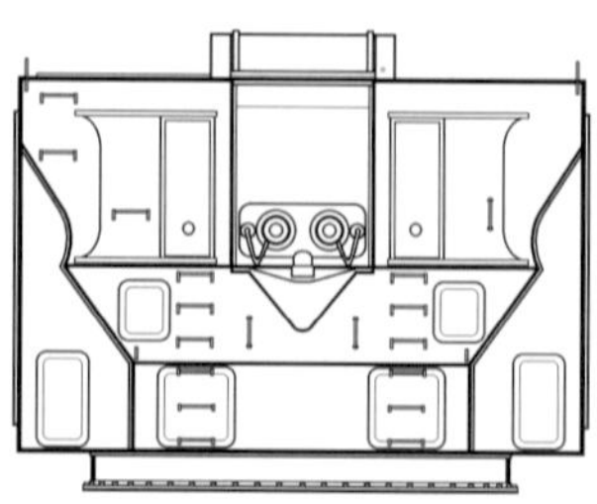

front view
widok z przodu

top view
widok z góry

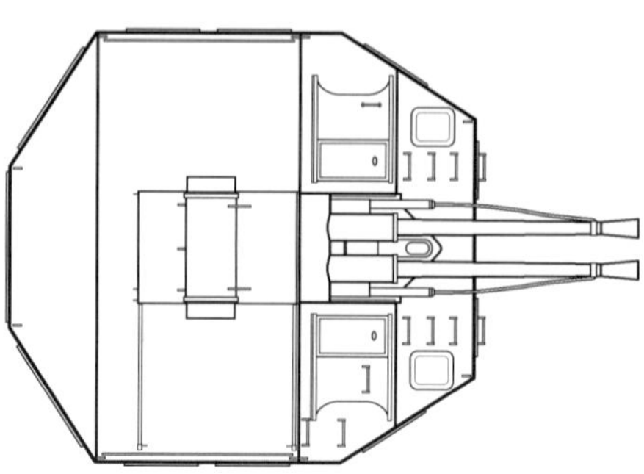

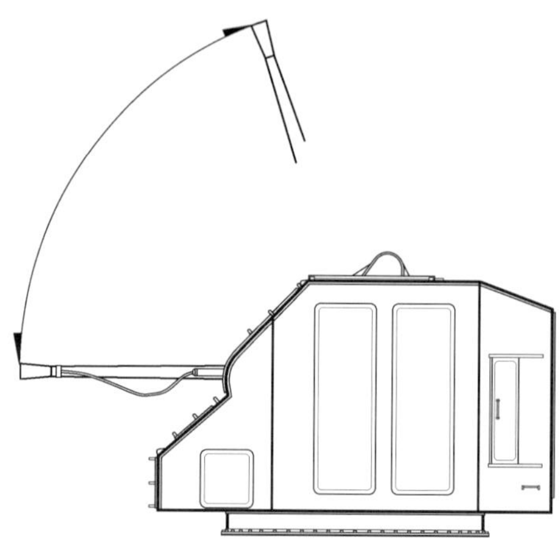

port side view
widok z lewej strony

Scale/Skala: 1/100

Dual set of M-1930/CAD-1931 guns 100 mm
Podwójny zestaw armat kal. 100 mm M-1930/CAD-1931

starboard side view
widok z prawej strony

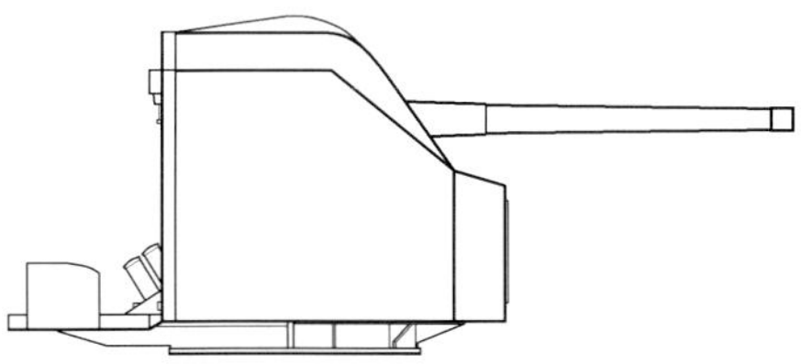

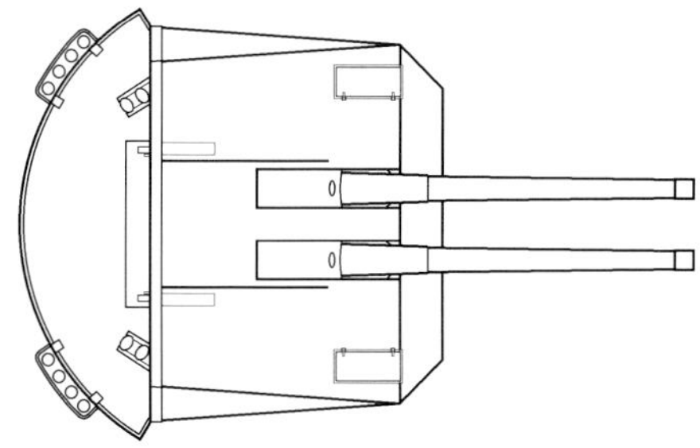

top view
widok z góry

Dual set of M-1933/CADM-1933 AA guns 37 mm
Podwójny zestaw armat plot kal. 37 mm M-1933/CADM-1933

starboard side view
widok z prawej strony

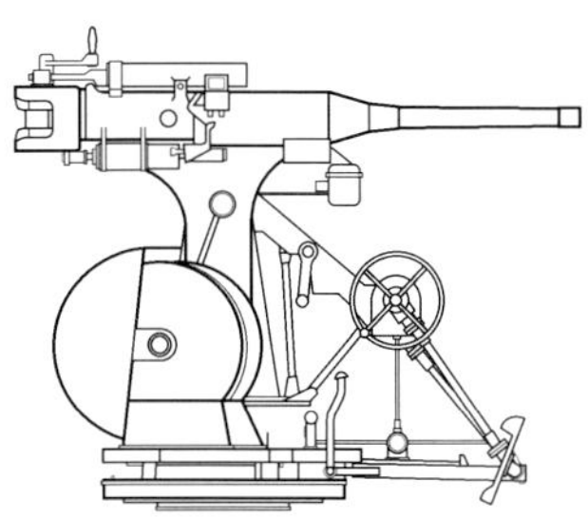

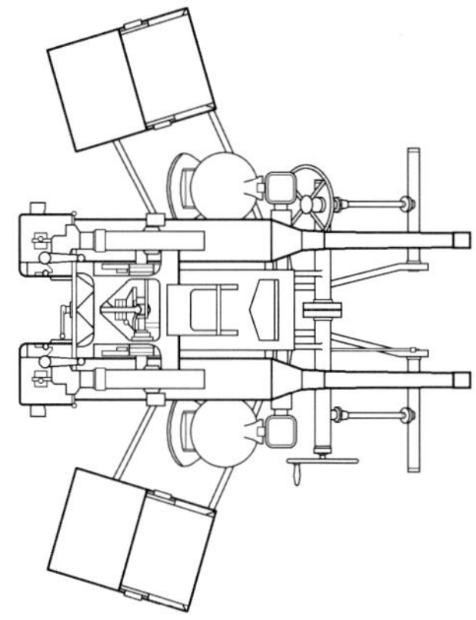

top view
widok z góry

L70 Oerlikon AA gun 20 mm
Działo plot kal. 20 mm L70 Oerlikon

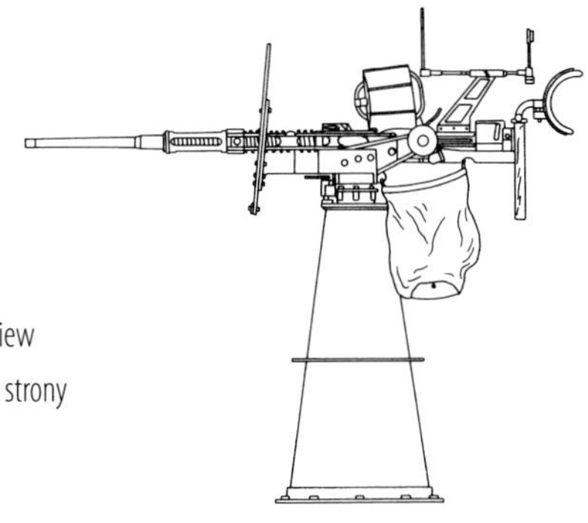

port side view
widok z lewej strony

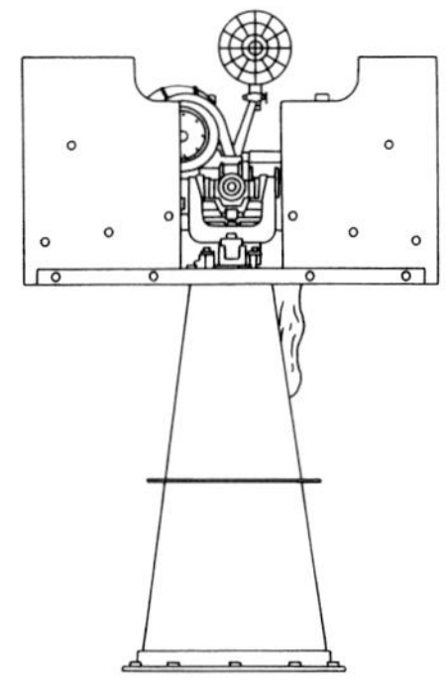

front view
widok z przodu

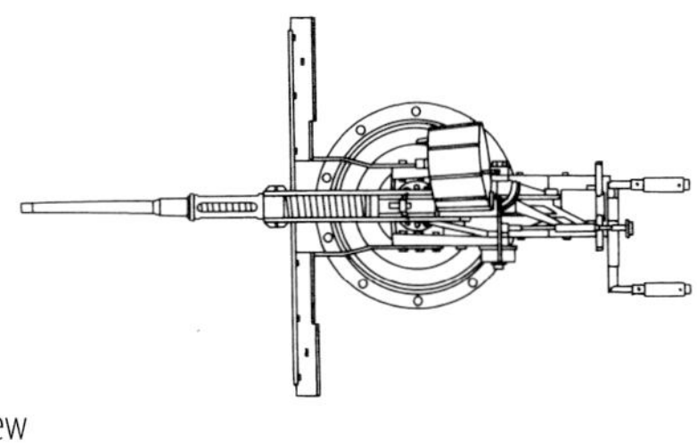

top view
widok z góry

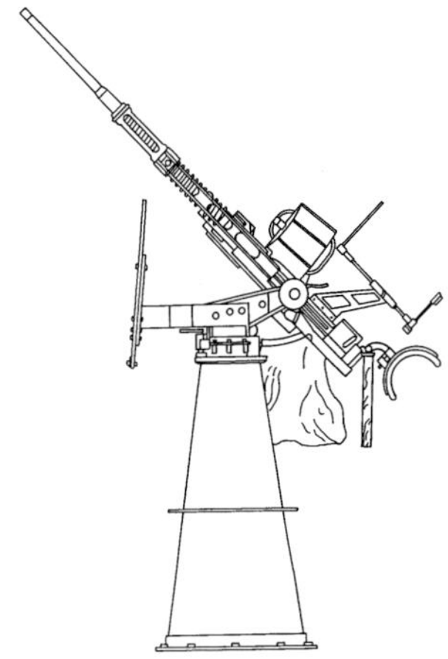

Main artillery fire control station
Stanowisko kierowania ogniem artylerii głównej

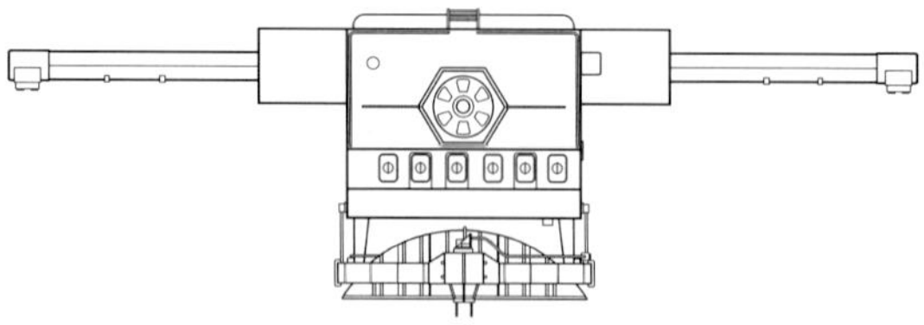

top view
widok z góry

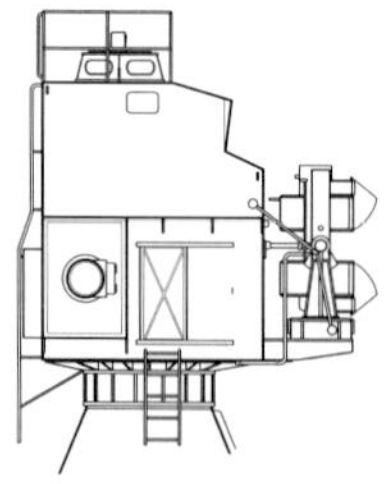

starboard side view
widok z prawej strony

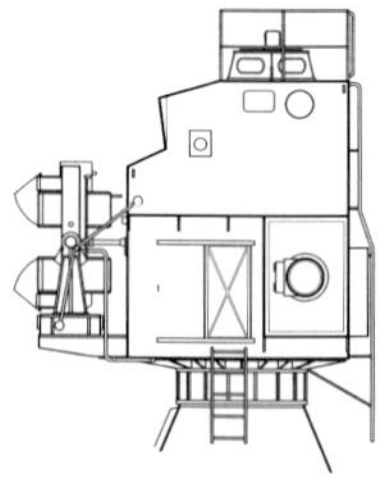

port side view
widok z lewej strony

Main and medium artillery fire control station
Stanowisko kierowania ogniem artylerii głównej i średniej

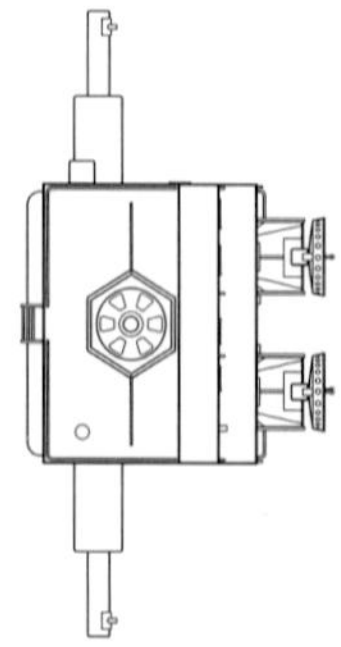

top view
widok z góry

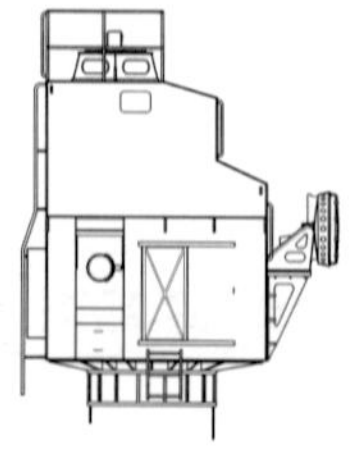

starboard side view
widok z prawej strony

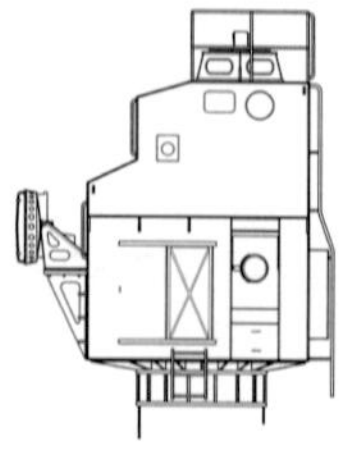

port side view
widok z lewej strony

AA artillery fire control station
Stanowisko kierowania ogniem artylerii plot

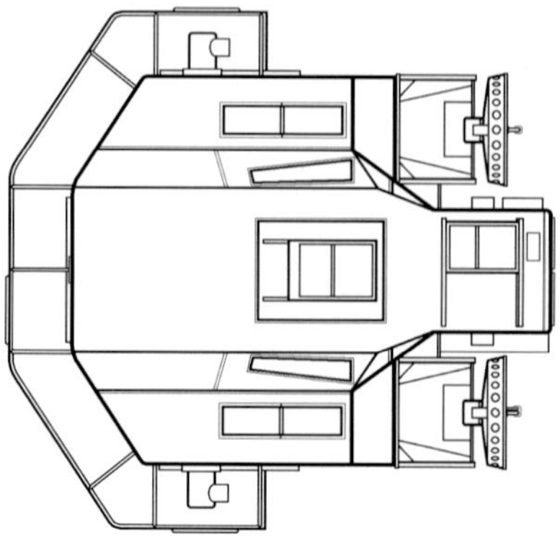

top view
widok z góry

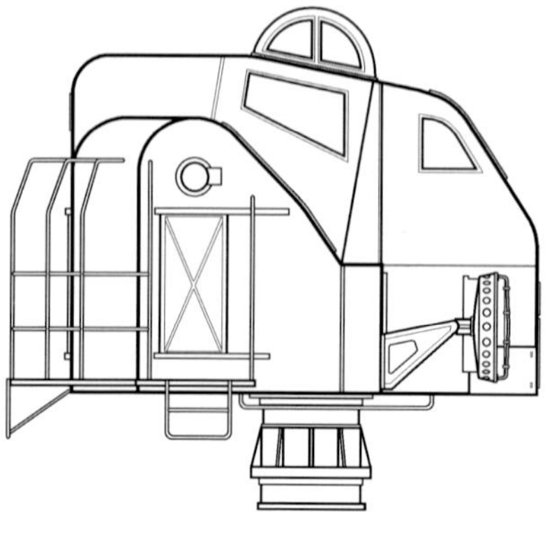

starboard side view
widok z prawej strony

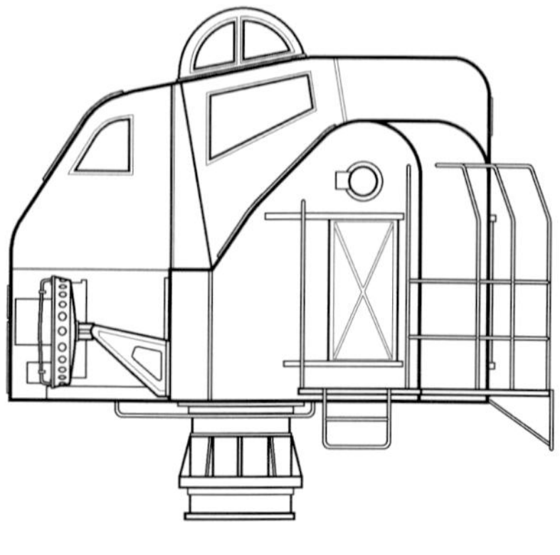

port side view
widok z lewej strony

AA artillery fire control station
Stanowisko kierowania ogniem artylerii plot

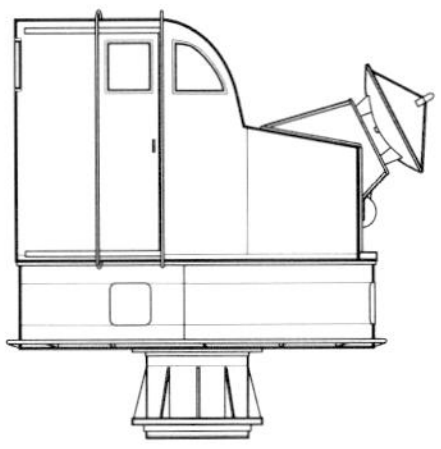

starboard side view
widok z prawej strony

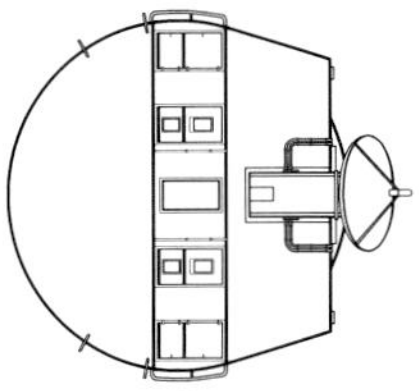

top view
widok z góry

Deck boats
Łodzie pokładowe

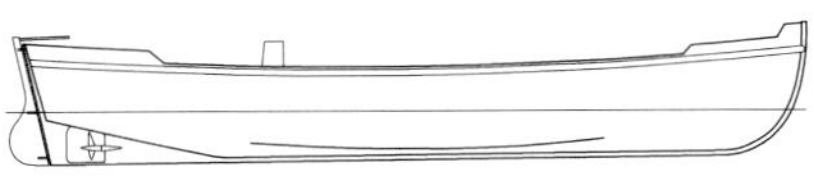

starboard side view
widok z prawej strony

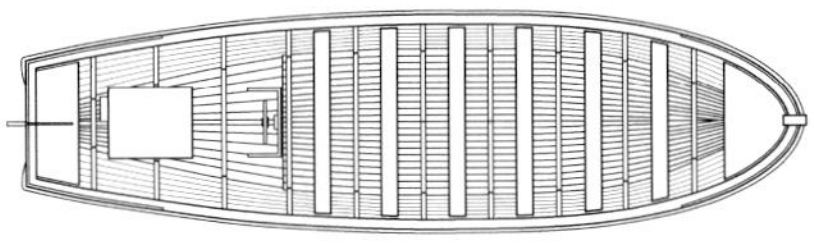

top view
widok z góry

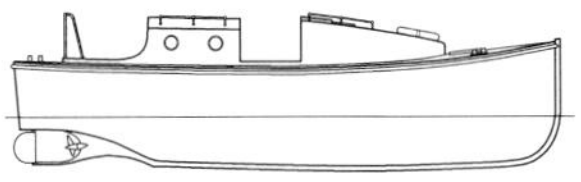

starboard side view
widok z prawej strony

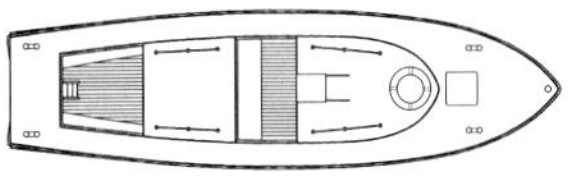

top view
widok z góry

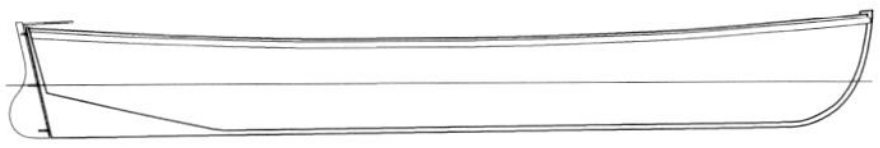

starboard side view
widok z prawej strony

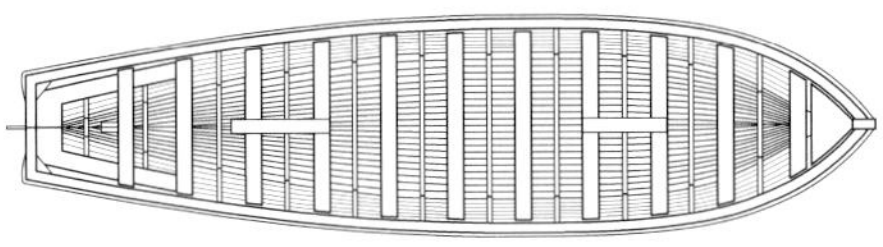

top view
widok z góry

starboard side view
widok z prawej strony

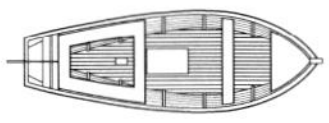

top view
widok z góry

starboard side view
widok z prawej strony

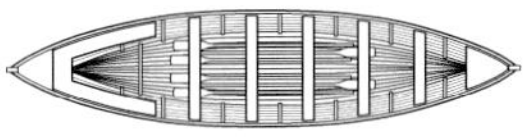

top view
widok z góry

Deck crane
Dźwig pokładowy

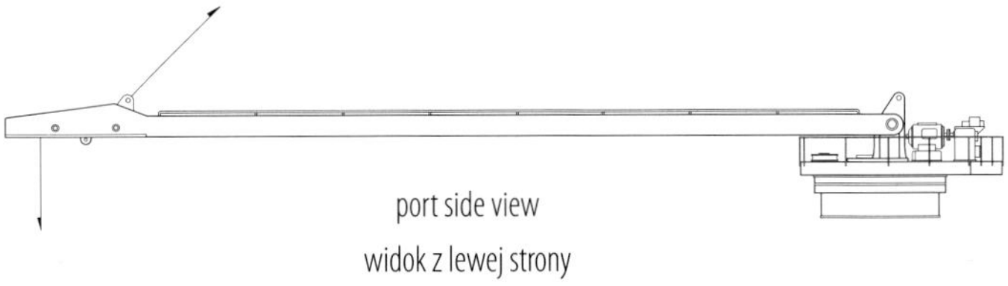

port side view
widok z lewej strony

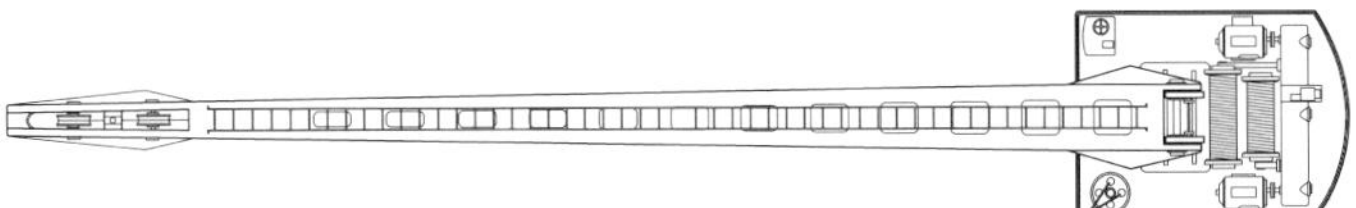

top view
widok z góry

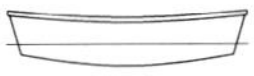

starboard side view
widok z prawej strony

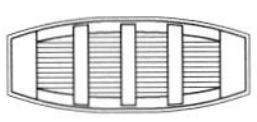

top view
widok z góry

Scale/Skala: 1/200, 1/100